UM_BAU
32

UMBAU 32
Zwischen Raum und Substanz

Österreichische Gesellschaft für Architektur – ÖGFA (Hrsg.)

Birkhäuser
Basel

Inhalt

Editorial

Der UM_BAU war in seiner mittlerweile über 30-jährigen Geschichte immer ein Hybrid zwischen Periodikum und Buch. Inhaltlich hielt er stets die Waage zwischen Kommentaren zum aktuellen Planungs-/Baugeschehen und Theorie/Forschung. Auch der UM_BAU 32 deckt diese Bandbreite ab. Er baut auf einer Auswahl der interessantesten Beiträge zu den ÖGFA-Jahresprogrammen 2020 und 2021 auf, die von den Vortragenden überarbeitet, ergänzt und durch zusätzliche Texte erweitert wurden. Es waren keine gewöhnlichen Jahre und das macht die Beiträge zu einem historischen Dokument des Zeitgeschehens, dessen Treffsicherheit man in Zukunft erst objektiv wird beurteilen können. Diese zwei Jahre lassen sich zweifellos mit den Worten des Historikers Eric Hobsbawm als „interesting times" bezeichnen: neue und alte Normalitäten, eine Krise wie die Corona-Pandemie und die Klimakatastrophe als Dauerzustand, damit verbunden eine Selbstkritik und Selbstbefragung der Architektenschaft als Mitverantwortliche für die Klimakatastrophe und als potenziell Handelnde bei ihrer Bekämpfung.

Auch die ÖGFA selbst hat sich wie viele Institutionen an diese Ausnahmezustände angepasst und hat neue Formen der Kommunikation und Vermittlung unter Bedingungen der Distanz finden müssen. Das war herausfordernd, hat das Publikum und die Beteiligten an den Veranstaltungen aber auch ein Stück internationaler und jünger gemacht und diversifiziert. Der UM_BAU 32 ist somit auch diesmal ein besonderes Zeitdokument, widmet sich aber ebenso den weit über Aktualitäten hinausreichenden Kernfragen der Architektur, was in den beiden Jahresprogrammen „Raumbeziehungen" und „Substanz" schon impliziert war. Sie bilden die beiden Kapitel dieses – besonders umfangreichen – UM_BAUs, eingeleitet von einem zusammenfassenden Beitrag der Redaktion.

Die „Raumbeziehungen" werden in einem bilateralen Dialog von Hermann Czech und David Kohn (protokolliert und in Form gebracht von Elise Feiersinger und Claudia Cavallar) aufgespannt, bevor die von Hertha Hurnaus in Bildern und von Claudia Cavallar in Worten dokumentierte Wiener Wohnung Heinz Frank den Fokus auf die Nahaufnahme legt. Studio Magic und Neuberg College sowie Wolfgang Thaler behandeln Warte- und Transiträume, Anna Minta und Ivica Brnic die mit Bedeutung aufgeladenen Schwellenräume von sakralen Bauwerken. Im Fischer-von-Erlach-Jubiläumsjahr untersucht Hermann Czech mit seinem geschulten Blick dessen Wiener Bauten auf Überformung und Umbau.

Im Kapitel „Substanz" nimmt sich Arthur Rüegg die akuten Fragen des Umgangs mit dem Erbe der Nachkriegsmoderne und ihrer sensiblen Substanz vor, bevor der Maßstab ins Städtische erweitert wird. Dirk Baecker beschreibt die Substanz der Stadt aus soziologischer Sicht, Katrin Albrecht und Sophie Wolfrum behandeln in ihren Beiträgen den Straßenraum, ein Thema, das auch während der Pandemie an Dringlichkeit gewonnen hat. Zum Abschluss widmen sich Wolfgang Sonne und Stephan Trüby von explizit gegensätzlichen Positionen aus den Themen Stadtsubstanz und Stadtbild zwischen Zeitlosigkeit und politischer Instrumentalisierung, mit Camillo Sitte als Referenzpunkt. Gegenwart und Permanenz in diskursiver Spannung – das ist und bleibt die Mission der ÖGFA.

Maik Novotny, Andreas Vass

Andreas Vass, Maik Novotny

Pandemie und Permanenz: Zwischen Raum und Substanz

Pandemische Zustände

Die Covid19-Pandemie war kaum ein paar Wochen alt, als sich Stadtforscher:innen und Architekt:innen in vielen Medien zu Wort meldeten. Wie würde die Welt „danach" aussehen, aussehen müssen? Was würde sich ändern, ändern müssen? Manche sahen die Gelegenheit, schon lange gehegte Argumente und Positionen endlich einer größeren Öffentlichkeit zuführen zu können, andere diagnostizierten eher empirisch. Dies betraf sowohl die Innenräume, auf die viele in den globalen Lockdowns zurückgeworfen wurden, als auch den öffentlichen Raum, von der umstrittenen Schließung der Bundesgärten in Wien bis zum verunsichernden Social Distancing und dem daraus resultierenden Platzbedarf, der auch die Verteilung des Raumes und den absurden Raumbedarf des motorisierten Individualverkehrs einer neuen kritischen Bewertung unterzog. „Wir brauchen neue Ansätze, die das Verhältnis der Häuser zu den öffentlichen Zonen überdenken", wird der Berliner Architekt Lars Krückeberg vom Büro GRAFT im Herbst 2020 zitiert, der vor allem eine wirtschaftliche Motivation (Stärkung des Einzelhandels) für diese Öffentlichkeit verfolgt. „Die Erdgeschosszonen sind der Marktplatz. Je aktiver dieser Bereich ist, desto eher kann eine Stadt überleben. Was helfen könnte, wäre die Mediterranisierung deutscher Innenstädte. Die Idee ist, den Außenraum attraktiver zu gestalten und zu aktivieren sowie einladende Grünräume zu schaffen. Wir haben mit Corona gelernt, wie viel es wert ist, wenn eine Stadt über diesen qualitätvollen Außenraum verfügt."[1] Eine Diagnose, die das momentane Interesse auch der Nicht-Fachöffentlichkeit nutzt, um das Offensichtliche nochmals zu betonen. Eher wenige in diesem Chor der mediterranen Urbanist:innen verwiesen auf die sozialen Verwerfungen, die die Pandemie klarer sichtbar machte, und darauf, dass auch die Arbeiter:innen in den Amazon-Lagerhäusern und die Lieferant:innen, die Lebensmittel in die Lockdown-Haushalte brachten, in das „wie werden wir in Zukunft leben?" inkludiert werden sollten. Die nochmals verschärften Arbeitsbedingungen zeigten sich ebenso in etlichen anderen Berufsgruppen, am härtesten wohl bei den sogenannten Schlüsselarbeitskräften in der Pflege oder der Energieversorgung. Diese Arbeiter:innen hatten noch zusätzlich als Wohnende dieselben Probleme wie viele: Kinder im Home-Schooling, zu kleine Wohnungen, Kontaktbeschränkung mit der weiteren Familie ...

Dennoch ist die Beschäftigung mit den Interieurs aus heutiger Sicht, drei Jahre später, eine der architektonischen Pandemie-Diskussionen, die anhält. Das plötzlich weit verbreitete Home-Office hat die akademischen Überlegungen einer feinkörnigen Mischung von Wohnen und Arbeiten pragmatischer werden lassen. Schon während der Pandemie wurde spekuliert, ob das Home-Office die Dauerpräsenz am Arbeitsplatz komplett ersetzen oder die vielzitierte „neue Normalität" nach dem Abklingen des

Ausnahmezustands wieder in die alte Normalität zurückfallen würde. Bisher deuten alle Anzeichen auf ein Weder-noch bzw. ein Sowohl-als-auch, in dem sich flexible Mischformen zwischen diesen beiden Optionen etabliert haben, mit Auswirkungen auf den Raumbedarf und die Raumaufteilung sowohl auf Arbeitsplätzen als auch in Wohnungen, die derzeit noch nicht völlig abzuschätzen sind.

Das Gegenstück zur forcierten Verinnerlichung war die Tabula rasa im öffentlichen Raum. Dieser war während der Lockdowns auf eine Art Nullzustand zurückgeführt, und die relative Leere machte für jede:n sowohl den Raum an sich als auch den öffentlichen Raum mit seiner ungleichen Verteilung der Verkehrsflächen und Grünflächen sichtbar, erst recht unter den Bedingungen des Social Distancing.

> „Aber nicht nur unsere Wohnungen kommen uns eng vor; auch die Stadtstruktur und genauer gesagt ihre Freiräume […] erscheinen uns im Lockdown sehr beengt. Stadtbewohner:innen und aktive Verkehrsteilnehmer:innen, meist Fußgänger:innen, müssen sich oft auf 80 Zentimeter breiten Bürgersteigen zusammendrängen, während der übrige Platz dem Autoverkehr […] zur Verfügung steht. Besonders im Zusammenhang mit der Pandemie, die einen Abstand von mindestens 1,5 Metern verlangt, erscheint solch eine unangemessene Flächenverteilung noch zynischer und lächerlicher als zuvor."[2]

Darüber hinaus bringt die multiple Krisenerfahrung von Pandemie, Klimakatastrophe mit Dürre- und Hitzesommern, Energiefragen, kriegsbedingten Wirtschaftseinbrüchen und dennoch ungebremster Zersiedelung und Versiegelung im öffentlichen Raum erratisch-willkürliche Reaktionen und widersprüchliche Ergebnisse hervor. Während Autobahnzubringer als „Stadtstraßen" etikettiert werden und weiterhin eine MIV-gerechte Verkehrsplanung den Raum zwischen verstreuten Wohnbauten füllt, wird die Stadt zum Schlachtfeld konkurrierender Begrünungskonzepte: Rankgerüste zur vertikalen Begrünung werden neu – und schlecht – erfunden und wo Menschen im überhitzten städtischen Freiraum Baumschatten suchen, sind voluminöse Pflanztröge und dekorative Schilfgräser zur Standardlösung geworden, um den begehrten Raum noch weiter zu verknappen. Dass diese nicht nur als Ersatz für die fehlende räumliche Lesbarkeit neuer Wohnviertel herhalten müssen, zeigt in Wien die Neugestaltung des Neuen Markts, die exemplarisch für die konfuse Umbruchssituation stehen kann. Noch einmal stand hier eine Tiefgarage im Stadtzentrum am Anfang, eine verkehrsplanerische Entscheidung, die im Denken der autogerechten Stadt" steckengeblieben scheint. Die ursprünglich mineralische, „leere" Gestaltung der Oberfläche darüber, die den historischen Providentia-Brunnen, prägendes Meisterwerk von Raphael Donner, räumlich zur Geltung bringen und „das städtische Leben durch die Mittel der Architektur unterschwellig bereichern"[3] sollte, wich einer scheinbar willkürlich verteilten Übermöblierung dieses ehemaligen Marktplatzes mit einer Mischung aus Tiefgarageninfrastruktur, Bäumen, Büschen, Hecken und Rankgerüsten. Unter den Bäumen nicht betretbarer Unterwuchs in betongefassten Erdkörpern.

Die Stadt in Zeiten einer Seuche ist ein Kontinuum menschlicher Katastrophen-erfahrung, die tief im kollektiven Unbewussten verankert ist und künstlerische Spiege-lungen und Dokumentationen erfahren hat, von Daniel Defoes *A Journal of the Plague Year* (1722), das das Pestjahr 1665 in London in Tagebuchform rekonstruierte, bis zum fiktiven Komplett-Lockdown der algerischen Stadt Oran in Albert Camus' *Die Pest* (1947) – beides Werke, die im ersten Corona-Jahr 2020 wiederentdeckt und erneut analysiert wurden.

Als ein Beispiel unter vielen lässt sich Anh Linh Ngos im Juli 2020 in der *ZEIT* erschienener Beitrag anführen, der die historische Wechselwirkung von Epidemie, Hygiene, Sozialreform, Innovation und Moderne aus aktuellem Anlass aufrollte:

> „Die unaufhörlich wachsenden Städte waren seit dem 18. Jahrhun-dert von der Tuberkulose gezeichnet und wurden im 19. Jahrhundert wiederholt von großen Typhus-Epidemien und Cholera-Pande-mien heimgesucht. Nicht zuletzt unter diesem Eindruck bildete sich, ausgehend von England, die neue Disziplin der Stadtforschung heraus, die anfänglich mit einem medizinisch-epidemiologischen Interesse verknüpft war. [...] Die großen infrastrukturellen Maß-nahmen zur Stadthygiene und Wohnreform ab der zweiten Hälfte des 19. Jahrhunderts basierten auf entsprechenden empirischen Datenerhebungen und Auswertungen. [...] Die Herausbildung eines öffentlichen Bewusstseins für die ‚soziale Frage' entsprang nicht nur einem sozialreformerischen Impetus, sondern war auch der Erkenntnis geschuldet, dass sich Epidemien nicht räumlich begrenzen ließen. [...] Doch nicht nur die Stadt, wie wir sie heute kennen, sondern auch die moderne Architektur wäre ohne den medizinischen Fortschritt bei der Bekämpfung von Krankheiten wie etwa der Tuberkulose undenkbar gewesen. [...] Die Corona-Pandemie legt diese verdrängten Ursprünge der zeitgenössischen Stadt und der modernen Architektur offen: Beides war immer schon für die Krise angelegt – für den Kampf gegen Krankheit und Seuchen, für *containment*, mithin für die Durchsetzung von Kontrolle und Überwachung. Abstandsflächen, Dichteobergrenzen und der Ausbau der öffentlichen Infrastruktur entpuppen sich als Instrumente des Social Distancing avant la lettre. Im Ausnah-mezustand offenbart sich das Wesen der Dinge."[4]

Wobei der Ausnahmezustand, die Krise, historisch betrachtet, wieder als Normalzustand erscheinen und der fossil befeuerte Wohlstand der westlichen Wachstumsgesellschaft seit 1945 als Anomalie mit Ablaufdatum.

Auch die schon in den Vorjahren zunehmend diskutierte und postulierte Polarität von Stadt und Land erfuhr durch die Pandemie eine neue Dringlichkeit und Schärfe. Dem Ländlichen wurde im Architekturdiskurs größere Aufmerksamkeit durch die Aus-stellungen „The Countryside" am MoMA, New York 2020 (kuratiert von Rem Koolhaas)

Die Stadt in Zeiten
einer Seuche ist ein
Kontinuum mensch-
licher Katastrophen-
erfahrung

und „Schön hier. Architektur auf dem Land", 2022 am Deutschen Architekturmuseum zuteil, in Österreich engagieren sich Vereine wie LandLuft seit Jahren mit Erfolg für Förderung und Wertschätzung ländlicher Baukultur. In der Realität der letzten Jahre gewannen weder Stadt noch Land die Oberhand, vielmehr ließ sich eine Verstädterung des Landes und eine Verdörflichung und Begrünung der Stadt beobachten. Viele Städter:innen, die es sich leisten konnte, wählten die Flucht aufs Landgrundstück, um sich Luft und Bewegungsfreiheit im Lockdown zu verschaffen, in der Stadt mündete dasselbe Bedürfnis in einer höheren Wertschätzung privater und öffentlicher Freiräume – wohl selten wurde so viel über Balkone diskutiert wie zwischen 2020 und 2022. Epidemiologisch gesehen zeigten die Städte ihren immanenten Standortvorteil in nachbarschaftlicher Solidarität und guter medizinischer Versorgung, während sich vor allem in der ersten Infektionswelle im Frühjahr 2020 viele dramatische Corona-Cluster gerade in ländlichen Regionen wie beispielsweise Oberösterreich oder dem Rheinland befanden.

Zwar nicht kausal mit der Pandemie zusammenhängend, doch in enger Parallelführung mit dieser wurden in den letzten Jahren digitale Fluchträume (wieder einmal) hoch gehandelt, insbesondere das von den Tech-Giganten dekretierte Metaverse, dem *next big thing* der Jahre 2021/22, das 2023 bereits wieder weitgehend aus der Diskussion verschwunden ist und vom nächsten digitalen *big thing*, der Künstlichen Intelligenz, abgelöst wird, während die dominierenden Diskurse der Architektur eine eindeutige Hinwendung zur physischen Substanz, zum Material, zur Dauerhaftigkeit und zum Handwerk abbildet. Viele dieser Strömungen hat die ÖGFA in ihren beiden Jahresprogrammen 2020 (Raumbeziehungen) und 2021 (Substanz) aufgenommen und reflektiert.

Eine weitere Strömung dieser Zeit lässt sich ebenfalls als Parallelentwicklung zu den akuten globalen Krisen lesen. Als Quasi-Gegenstück zur vieldiskutierten befristeten Verpflichtung zum Social Distancing wurden Formen des gemeinschaftlichen Lebens erforscht, diskutiert, gefordert, umgesetzt. Die von Hashim Sarkis kuratierte und pandemiebedingt mehrfach verschobene Architekturbiennale 2021 stand unter dem Motto „How will we live together?" und weitete die Antworten auf den globalen Kontext der Kohabitation aus: Mensch und Mensch, Mensch und Tier, Mensch und Erde. „Wie wir leben wollen" fragte fast wortgleich das Programm des Kulturjahres Graz 2020,[5] das – ebenfalls mit pandemischer Verzögerung – vor allem das Zusammenleben in der Stadt thematisierte, mit architektonischen Umsetzungen wie dem als temporäre Intervention konzipierten „Club Hybrid" von Heidi Pretterhofer und Michael Rieper.[6] Noch reduzierter – „Wie leben?" – wurde dieselbe Frage gestellt beim 2020 geplanten Symposium „Superstadt" an der Kunstuniversität Linz, welches pandemiebedingt letztendlich ganz abgesagt wurde, aber in eine gleichnamige Buchpublikation[7] mit Beiträgen der ursprünglich vorgesehenen Teilnehmer:innen mündete.

Raumbeziehungen im Wohnbau

Neben diesen räumlichen Bedeutungsebenen des Gemeinsamen veränderte die Pandemie auch den Diskursraum selbst. Lehrveranstaltungen an den Hochschulen wurden ebenso per Zoom und ähnlichen Tools abgehalten wie Vorträge. Die Nachteile waren offensichtlich: Die Isolation zuhause wurde nur bedingt aufgehoben, der informelle Austausch fehlte, richtige Debatten kamen nur selten zustande, stattdessen eine Abfolge einseitiger Kommunikation in Richtung einer Zuhörer:innenschaft aus grobgepixelten Gesichtern vor Wohnzimmerwänden oder digitalen Palmenstränden oder überhaupt nur weißen Namen auf schwarzem Hintergrund. Die Vorteile waren es ebenso: Plötzlich war eine überbordende Fülle an interessanten Inhalten für jeden mit Endgerät verfügbar, unabhängig von der geografischen Lage von Sender:in und Empfänger:in und ohne aufwendige Bewegungen im realen Raum durch die Stadt zu ungemütlichen Klappsitzen in überheizten Hörsälen. Auch das Veranstaltungsprogramm der ÖGFA in den Jahren 2020 und 2021 steht beispielhaft für diese beiden Aspekte. Der Kreis potenzieller Vortragender erweiterte sich sprunghaft, was wiederum einen breiteren und vielfältigen Kreis an Zuhörer:innen hervorbrachte. Eine Diskursdynamik entstand dabei jedoch nur in Ausnahmefällen. Mit den Formaten „ÖGFA in der Zwischenzeit" und „Die sprechende Wand" reagierten wir programmatisch und reflektierend auf diese neuen Verhältnisse, insbesondere auf die Raumwahrnehmung, die sie generierten: eine digitale Öffentlichkeit im Zoom mit Beteiligten in ihren jeweiligen Innenräumen, die ansonsten rein privat bleiben: Wände, Sofas, Arbeitsplatz-Nischen, repräsentative Bücherregale, holzverkleidete Zweitwohnsitze.

Diese neuen digitalen Raumbeziehungen fanden ihre Entsprechung in einer Schwerpunktverschiebung in den realen Innenräumen, insbesondere im Wohnbau. Die immer noch mehrheitlich reproduzierten durchökonomisierten Wohn-Ess-Schlaf-Grundrissschemata offenbarten im Lockdown recht schnell ihre Mängel an innerfamiliärer Privatheit, an Flexibilität, an Möglichkeiten für parallele Videokonferenzen der Eltern und Home-Schooling der Kinder. In den Systematiken des Wohnens von Ernst Neuferts *Bauentwurfslehre* bis zur Wohnbauförderung und den Bauträgerwettbewerben von heute fand und findet das Arbeiten nur selten einen Platz; die immer wiederkehrenden Versuchsanordnungen mit flexiblen Einteilungen von Räumen und Zonen, wie sie 2023 im Gemeindebau in der Seestadt Aspern von wimmerundpartner oder im von drehbaren Wänden durchsetzten Wohnhaus Stampfenbachstrasse in Zürich von Edelaar Mosayebi Inderbitzin wieder versucht wurden, setzten sich nie mehrheitlich durch. In einer Zoom-Diskussion der IG Architektur im Jahr 2021 zum Thema „Nachher wird nicht(s) wie vorher sein"[8] wurde die Forderung nach Plus-Räumen und eine Abkehr von maßgeschneiderten Wohnungen ohne Spielraum und Großzügigkeit deutlich.

Neben Justierungen an Grundrissaufteilungen führten auch Formen gemeinschaftlichen Wohnens zu neuen Raumbeziehungen, von den Wiener Wohnprojekten von einszueins Architektur bis zum kooperativen Wohnen in Barcelona von Lacol Cooperativa. Deren Wohnbau La Borda ist um ein großes gemeinschaftliches Atrium organisiert, mit einem zweigeschossigen Raum zwischen Atrium und Straße als Treffpunkt, in dem die Waschmaschinen prominent platziert sind – eine deutliche Aufwertung des „wir" gegenüber dem „ich".

„Uns war klargeworden, wie der Kapitalismus uns isoliert, daher wollten wir ein Projekt generieren, in dem wir eine Art von Kooperation bei den reproduktiven Bereichen des Wohnens herstellen. [...] Auch der aktive Feminismus spielte dabei eine Rolle. Daher wollten wir die Waschmaschinen nicht im Keller unterbringen, sondern dort, wo sie gegenseitige Hilfe erzeugen. Diese großen gemeinschaftlichen Räume haben dazu geführt, dass wir die individuellen Bereiche reduzieren und traditionelle Wohngrundrisse neu definieren", so Architektin Cristina Gamboa von Lacol.[9]

Die Raumfrage kehrt hier gewissermaßen zu ihren Ursprüngen zurück: einer Architektur der Moderne, die in Reaktion auf die Bedingungen des krisengebeutelten Industriekapitalismus des ausgehenden 19. Jahrhunderts und angeregt durch die entstehende Wissenschaftsdisziplin der Psychologie den Raum in den Mittelpunkt gestellt hat, oder vielmehr den Menschen, der in Wahrnehmung und Interaktion diesen Raum erst hervorbringt. Von August Schmarsow über Camillo Sitte und die Wiener Moderne zu dessen schärfstem Kritiker und zugleich schöpferischstem Rezipienten innerhalb der Moderne – Le Corbusier – und dem auf Raumbeziehungen ausgerichteten Denken eines Mies van der Rohe oder eines Rudolf Schwarz, und weiter zur jungen Generation der Nachkriegszeit, die erneut das Interesse an den psychologischen und sozialen Dimensionen des Raums radikalisierten: Der Raum zeigt sich als die eigentliche Substanz einer architektonischen Moderne der letzten 150 Jahre.

Substanz

Daher schien es logisch, in bewusst komplementärer Weiterführung des um Raumbeziehungen kreisenden Jahresthemas 2021, das Jahresprogramm 2022 dem Schwerpunkt „Substanz" zu widmen. Dabei wurden über das oben angedeutete Spezifikum der architektonischen Moderne hinaus mehrere Bedeutungsebenen des Begriffs behandelt. Die konkrete Bausubstanz in ihrer Materialität, Haptik, Wertigkeit und Bedeutung, insbesondere in Hinblick auf gegenwärtige Diskussionen rund um das Thema „Umbau statt Neubau" und den damit verbundenen Stoffkreisläufen und Transformationen vorhandener Substanz(en).

Anknüpfend an das Jahresthema 2019 „Stoffkreisläufe" wurden hier insbesondere die aktuelle Hinwendung der Architekturdiskurse zum Analogen und zur Stofflichkeit des Bauens thematisiert, die von einem gesteigerten Bewusstsein für Materialkreisläufe, begrenzte Ressourcen und CO_2-Emissionen aller Phasen des Bauens aus, aber auch entschieden darüber hinaus gehen. Die sowohl soziale als auch ökologische Ausbeutung, die mit dem Abbauen von Rohstoffen einhergeht, wird heute nicht mehr ignoriert, ebenso wie die Graue Energie und die enormen Abfallmengen, die beim Abbruch von Gebäuden anfallen. Die multiplen Krisen der frühen 2020er Jahre – Covid, Klimakatastrophe und der russische Angriffskrieg auf die Ukraine – haben auf unterschiedliche Weise die globalen Transportströme unterbrochen oder verlangsamt, was deutlich macht, wie stark sich Produktion und Transport globalisiert haben und wie vulnerabel diese Materialströme sind. Dies hatte unmittelbare Auswirkungen auf die Bauwirtschaft und führte bei vielen Architekt:innen, Bauherr:innen und Produzent:innen zu einer Rückbesinnung auf lokale Ressourcen.

Die ÖGFA war nicht die einzige Institution, die diese Paradigmenwechsel kartierte. Eine Vielzahl von Ausstellungen und Symposien lieferten ebenfalls gebaute Beispiele und Debattenbeiträge, als Beispiele seinen genannt die Ausstellung „Material Loops: The Circular Economy – Bestand als Materialressource" von April bis Juni 2021 im Haus der Architektur Graz und das Symposium „Einfach bauen" im Architekturzentrum Wien im Oktober 2022. Theoretische Impulse lieferte beispielsweise Charlotte Malterre-Barthes, Professorin an der Harvard Graduate School of Design, die auf dem Symposium „Berlin Questions" im August 2021 für ein komplettes Abriss-Moratorium plädierte:

> „Es sind die Mechanismen des Finanzmarktes und das Dogma des Wachstums, die ständig Abriss und Neubau fordern. Selbst wenn wir das nur für eine kurze Zeit stoppen, werden wir nicht nur den Wert bestehender Gebäude erkennen, sondern auch den Wert der Arbeit der Menschen darin, vor allem der Care-Arbeit."[10]

Das Bauen in Zeiten der Klimakatastrophe ist ein Bauen jenseits der sorglosen Naivität und der Machbarkeitseuphorie, wie sie die verschwenderische Großarchitektur der 1990er und frühen 2000er Jahre prägte, bei der digital generierte Formen mit enormem Materialaufwand und oft unter Verlust der formalen Klarheit, die mit den handfesten Anforderungen von Statik und Handwerk kollidierte, in die Realität gesetzt wurden. Die Alternativen dazu, soweit sie überhaupt noch am schwindenden Anteil des Neubaus festhalten, teilen sich, grob gesagt, in zwei Optionen. Zum einen das buchstäbliche Wiederverwerten von Bauteilen in einer Art von Bricolage-Architektur, wie sie das baubüro in situ in der Schweiz, Rotor in Belgien oder das Baukarussell in Österreich praktizieren. Zum anderen das monolithische Bauen unter Vermeidung von Verbundstoffen und erdölbasierter Wärmedämmung, wie es Baumschlager Eberle Architekten mit ihrem vielpublizierten Bürohaus 2226 in Lustenau oder Florian Nagler mit seinen drei Häusern in Bad Aibling im Zuge seines Forschungsprojekts „Einfach bauen" vorexerzierten. Anders gesagt: Hier die permanente Addition und Subtraktion einer Architektur als Materiallager, dort eine neue Massivbau-Archaik, die so solide verarbeitet ist, dass sie so wenig Reparatur und Austausch wie möglich benötigt. Diese beiden Alternativen stehen keineswegs im Gegensatz zueinander, vielmehr ist derzeit ein Pluralismus des Ausprobierens und der Ernsthaftigkeit zu konstatieren.

Diese Rückbesinnung auf die Substanz geht über derartige, beschleunigende oder verlangsamende Experimente auf dem Feld des Stoffwechsels wesentlich hinaus, indem sie das Reparieren, den Umbau als Normallfall der Architektur einsetzt, etwa vergleichbar mit der heute geforderten Neubewertung der Care-Arbeit: Reparatur also als eigentlichen Inhalt und Methode von Architektur, anstatt sie als leidvolle Folge justiziabler Baumängel und als Problemfall zu bewerten, wie es in der Baupraxis noch immer die Regel ist. Der aus den Sozialwissenschaften entlehnte Care-Begriff wurde 2017 beim Symposium „Care and Repair" in der Wiener Nordbahnhalle (konzipiert von Angelika Fitz und Elke Krasny)[11] in der Architektur verankert, das auf allen Maßstabsebenen den Wert des Pflegens, Bewahrens und Reparierens diskutierte. Der Beitrag von Studio Magic und Neuberg College in diesem Buch zeigt anhand eines einzelnen Bauwerks – dem alten Bahnhof in Neuberg an der Mürz – exemplarisch, wie ein solches Sorgetragen eine vernachlässigte Substanz beleben kann. Der Beitrag von Arthur Rüegg bringt den aktuellen Stand der immer intensiver und fachlich fundierter werdenden Diskussionen über den Substanzerhalt der Moderne auf den Punkt, wie sie 2022 im von der ÖGFA und docomomo Austria organisierten Symposium zur Villa Beer versammelt wurden.

Ergänzend zu diesen aktuellen Diskursen rekurrierten die Begriffe Raumbeziehungen und Substanz im ÖGFA-Programm und in vielen der hier versammelten Textbeiträge auch auf die dauerhaften Werte, Inhalte und Aufgaben von Architektur. Um mit den Worten von Hermann Czech zu schließen: Alles, und das mehr denn je, ist Umbau.

1 Bert Strebe: „Architekt über Zukunft nach Corona: *Wir müssen die Stadt umbauen"*, RND Redaktionsnetzwerk Deutschland, 13.9.2020, online abrufbar auf: https://www.rnd.de/kultur/corona-und-architektur-wir-mussen-die-stadt-umbauen-6GJD5I7EFVG7PEXYE62X WNY2IQ.html

2 Aglaée Degros, Sabine Bauer, Markus Monsberger: „Faire Raumaufteilung: Das Potenzial von Verkehrsflächen für die Stadtreparatur", in: Doris Kleilein, Friederike Meyer (Hg.): *Die Stadt nach Corona*, Berlin 2021.

3 Projektbeschreibung zum siegreichen Wettbewerbsbeitrag von Paul und Karin Katzberger von 2003, online abrufbar auf: http://www.katzberger.at/

4 Anh-Ling Ngo: „Wir richten uns zuhause ein", in: *DIE ZEIT*, 18. Juli 2020 (Hervorh. im Original).

5 www.kulturjahr2020.at

6 www.clubhybrid.at

7 Sabine Pollak (Hg.): *Wie leben*, Wien 2021.

8 Online abrufbar auf: https://www.youtube.com/watch?v=Qj6yH8GFvzI&t=9s

9 Interview mit Maik Novotny im Rahmen der Veranstaltungsreihe „Klima.Wechsel" der ZV und der IBA_Wien, Oktober 2022, in: *Beiträge zur IBA_Wien, Band 40: Klimawechsel*, IBA_Wien 2022, Zentralvereinigung der Architekt:innen Österreichs (Hg.), 2022.

10 Till Briegleb: „Baustopp bitte!", in: *Süddeutsche Zeitung*, 15. August 2021.

11 Siehe auch: Angelika Fitz, Elke Krasny: *Critical Care – Architecture and Urbanism for a broken planet*, Cambridge, Mass. 2019.

Raumbeziehungen

Claudia Cavallar, Elise Feiersinger

Import/Export – An Exchange between Vienna and England: Hermann Czech and David Kohn

In 1926, Josef Frank published "Vienna's Modern Architecture prior to 1914,"[1] an attempt to sketch a comprehensive picture of the development of the city's architecture, from the (imaginary) Romans to his contemporaries, juxtaposing what is considered "Viennese" with the outside influences that shaped it and comparing (unspecified) other places and approaches with a "Viennese" way of doing things. One of the sources he cites is English residential architecture, used by a whole generation of (not only) Viennese architects as a guide to the (relatively) novel form of the villa and the bourgeois interior. In 2021, ÖGFA board members Claudia Cavallar and Elise Feiersinger invited Hermann Czech and David Kohn to reflect on the significance of these themes in their work.

Hermann Czech

I am afraid my talk may disappoint any expectations of a detailed report on exporting and importing of national elements or trends in architecture. I'm not an expert on detailed influences as such. Nor am I an expert on English architecture. I'm not even well informed about today's Austrian architecture. I am, however, in a position to respond to attempts to put architects – in this case, David Kohn and me – into a certain category having to do with producing follies, pastiche, and the like. In that respect, these thoughts on the matter probably will not be disappointing: of the projects I show, three could be related to the notion of follies – although they may not always adhere strictly to the standard definition.

The interior of Vienna's Schwarzenberg Palace (1982–1984) could be considered a kind of folly, and the crystal chandelier is a distinctive element contained within it. Even a transformation such as this is characterized by a methodological approach, a thought process. Will the aim be the purification or the enrichment of the design? Basically, I am of the opinion that both strategies are valuable and are effective in different cases. Why would the crystal chandelier – a cliché that stands for elegance – serve as point of departure in a design process? It is one of two classic solutions to the problem of glare, which is particularly acute in

Claudia Cavallar, Elise Feiersinger

cases when light fixtures are placed at a low height in a space. The individual crystals reduce the glare by diffracting the light and creating a multitude of light points. The other solution is a very common one: a globe of opal glass. This larger globe increases the illuminated surface and thereby decreases the luminance.

The classical version of a chandelier includes candles. Because they had to be lit and be replaced, and their wicks had to be cut, and they would have blackened anything above with soot, the candles could only be placed on the perimeter of the crystal chandelier. With the advent of gas and electric lighting, the classicist chain chandelier[2] was modified: the points of lights, which had originally been on the outer perimeter, were shifted to the center of the luminaire. The baroque type did not undergo this transformation. Although the crystal luminaire I designed for the restaurant in Schwarzenberg Palace is a paraphrase of the baroque type, I moved the bulbs to its center, within the volume of the chandelier. By the way, although they have their origins in different epochs, the different shapes of the crystals are now unabashedly combined by chandelier companies. I would have considered it pointless to try, for example, to design a modern chandelier and modern crystals.[3] So the result was achieved through conclusive deliberations, not by adopting motifs. Fig. 1

A subsequent project of mine in Vienna, a methane fuel plant at a garbage dump on Rautenweg (1989–1990), was not built. In this case there was no intention to produce a certain image, only an application of trapezoidal sheet metal in its precise modular layout. But the selection of sheet metal had nothing to do with its particular image. The client's original brief foresaw coupling the production of heat and power, which would have required a boiler and a turbine. The process would have converted the waste methane into energy, but would have also included a chimney, and buildings of this kind with chimneys were expected to face resistance from civic action groups. Therefore – so that no chimney would be required – the decision was made to exploit the methane to produce power (not heat) by means of motors. This example reminds us what images can – and do – mean to a design. Fig. 2

Fig. 1 Chandelier in the restaurant in the Schwarzenberg
Palace (1982–1984)

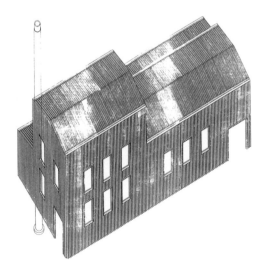

Fig. 2 Methane fuel plant on Rautenweg, Vienna (1989–1990)

Claudia Cavallar, Elise Feiersinger

Frankfurt's Palm Garden was the setting for this *actual* folly (1986). The client, the artist André Heller, had begun his career as a lifestyle commentator, an anchorman of sorts, on the radio. He came up with the idea to insert a pavilion in the garden in Frankfurt, and I devised a structure that hovers, seemingly miraculously, above the water. The arrangement of the roof's shells might have been familiar to Guarino Guarini. Five square cabins arranged to form a pentagram provide space for Heller's fantastical exhibits. The structure that supported the pavilion is concealed below water. A person entering the pavilion would not have noticed that the stairs support it. There was to have been a differentiation between the outer surfaces of the five cabins and the inner surfaces. The outer surfaces would have been clad in all sorts of materials (e.g. ceramics and stone) and patterns, in a mix of valuable and inexpensive materials, while the interior surfaces consisted of mirrors in different shapes so that from any vantage point inside the pavilion you would have seen the trees surrounding it. Figs. 3–5

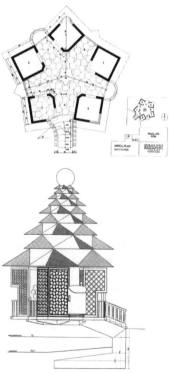

Fig. 3, 4 Floor plan and longitudinal section of the Palm Garden Pavilion (1986)

Fig. 5 Photo montage of a model

The site of another folly project – in fact, it was not just a folly, it was also an invention – André Heller and I did together was more prominent: it was near the Berlin wall. In a collage dating from about 1987, the trial stretch of a magnetic levitation train line (in operation from 1989 to 1991, but not taken into account in our design) is discernible. Our site was the black dot near the middle of the sketch. The design of the cylindrical object foresaw a massive structure that would stand for 200 years. It was to have had several tiny openings that would each function as a camera obscura, projecting the surrounding buildings on to the back wall. Inside, complete darkness was required, so the entrance and the camera obscura are on different levels, connected by staircases. Figs. 6–9

Fig. 6 Collage (paper and trace paper) showing location of the Camera Obscura Folly in Berlin (1987)

Fig. 7 Section through the folly

Fig. 8 Aerial photo of Potsdamer Platz, ca. 2000

Fig. 9 Model photo (roof removed)

Claudia Cavallar, Elise Feiersinger

While walking up the stairs, one's eyes would have time to adjust to the darkness in the upper room. An image produced by a camera obscura is very faint – the larger the opening, the more blurry the inverted image projected on the interior wall will be. But we envisaged the use of a special lens to improve the intensity of the light. The images created with the assistance of these lenses would have been exhibited in classical frames inside the folly. The idea was developed under the premise that this area would someday undergo change. When that change would come, nobody knew. Our pavilion would have been completed in about 1987. So, on account of the Fall of the Berlin Wall, the old view would only have remained about two years.

The next project – an invited competition on the site of former SS barracks to the southeast of the former concentration camp in Sachsenhausen – is not a folly at all. The camp itself has been a memorial site since the 1950s, but the SS barracks were used after 1945 by the Russian army, by the NKWD as a prison, and then as barracks for the East German army. The site was located in a nondescript area just north of Oranienburg, Germany, but included practically inaccessible areas and was bordered by a neighborhood consisting of single family homes. The competition's aim was to urbanize this area and to integrate the memorial site in the city. Figs. 10, 11

Fig. 10 Aerial photo of Oranienburg, ca. 2001

Fig. 11 Urbanization in Oranienburg, axonometric drawing of the competition entry (1992–1993)

Our design (1992–1993) works with the site's existing elements. Not all of the buildings had been erected for the SS. One structure (in the row perpendicular to the memorial site) was built by the GDR army. The barracks' axial system was left intact. The proposal to urbanize the site included one street with commercial offerings and another with light industry, thereby adhering to a different geometric arrangement, allowing the different phases to remain legible. Our design was not implemented. It did not employ formal means – in terms of architectural images – but pure geometry to structure it. Its architecture was not yet determined.

I'd like to contrast this with projects that do indeed have a certain imagery – even if it is the imagery of "looking like nothing." This too can be an architectural position. This apartment building (Wohnhaus Geblergasse, 1998–2003) is located on a city block in Vienna that was in the process of being requalified. Several architects were asked to design new buildings. Mine looks like nothing. It does not even have any formal elements – such as the "stretched" loggia next door. The floor plans are straightforward. The rooftops of these buildings were to be accessible via spiral staircases from the apartments on the top floors. To reduce costs, the stairs were not built, so the residents share a distant staircase to get to their rooftop terrace. Figs. 12–14

This brings me to the matter of "less or more?" Instead of connecting the notion of import–export to national boundaries, I detect evidence of exchange in post-modern architecture. As you might recall, Charles Jencks was one of the main theorists of the post-modern approach.[4] In 1979, Hans Hollein invited Jencks to give a lecture in Vienna. Jencks had recently written an article for *Architectural Design* on the question of a late-modern or post-modern approach. In it he listed ten criteria for a proper post-modern approach.[5] To introduce post-modernism to a group of students, I presented these criteria and illustrated them with photos of buildings by Otto Wagner, Adolf Loos, and Josef Frank. One of Jencks's criteria is "historical memory"– which I paired with a building by Adolf Loos. To illustrate "urban context" I selected the Looshaus on Michaelerplatz.[6] For "eclecticism" I chose Loos's entry to the Chicago Tribune Competition, and for "popular and local codes of communication," the Bunzl Residence in Pernitz (1913) by Josef Frank. The criterion "public realm" might be represented by Otto Wagner's Ankerhaus (1894–1895) in Vienna's historic center. And finally, "ornament" corresponds to Wagner's railing, which accompanies Vienna's entire metropolitan railway. Figs. 15, 16

Claudia Cavallar, Elise Feiersinger

Fig. 12 An excerpt from the map of Vienna's sixteenth and seventeenth districts

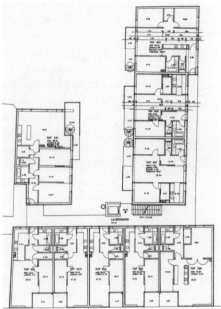

Fig. 13 Apartment building on Geblergasse upon completion (1998–2003)

Fig. 14 Floor plan of version with individual spiral staircases leading to roof terraces

Fig. 15 Josef Frank's Haus Bunzl, Pernitz, Austria (1914)   Fig. 16 Otto Wagner's ubiquitous railing

Import/Export – An Exchange between Vienna and England

From 2012 to 2015, Sebastian Hackenschmidt and I prepared an exhibition on the work of Josef Frank.[7] Revisiting Jencks's criteria allowed us to point out certain enlightening tendencies of post-modernism. In one segment we presented excerpts of Josef Frank's texts and juxtaposed them with ideas pursued, e.g., by Robert Venturi, who had a new interest in architectural history. According to Josef Frank, "It is completely out of touch with life to now put the chastity commissions of the eighteenth century in charge of façades and chairs. [...] our time is all of history, as it is known to us."[8] In an earlier text he stated: "Nowadays, we can no more ride in Achilles' chariot than in Napoleon's, but we can sit on their decorated chairs."[9]

Another tendency of post-modern architecture is a new interest in trivial, popular architecture, the social aspect of building – both in the participatory sense and with regard to aesthetics. In 1931, Josef Frank posits: "Anyone today who wants to make something vital must include everything that lives today. The entire spirit of the time, along with all its sentimentality and its excesses, along with all its tastelessness, which at least are alive [...] Thus, the new architecture will be borne of the entire bad taste of our time, its incoherence, its vibrancy, its sentimentality, of all that is alive and felt: at last, the art of the people, not art for the people."[10]

Also noteworthy is a new interest in the meanings and associations that architecture produces – consciously or unconsciously – linked to building forms. Again, in Frank's words: "It has often been debated why the lowest classes, for whom the modern style was supposedly invented, did not greet it with enthusiasm. [...] The possession of power and representation is intimately connected. And the worker is suspicious of the symbols given to him as long as others still exist, with the new belonging in essence to artists living outside of society, who both sides look upon as fools."[11] In 1988, Venturi, Scott-Brown, and Izenour illustrated their analysis of Las Vegas with John Claudius Loudon's nineteenth-century studies of a dwelling in different styles.[12] Four decades earlier, Josef Frank had declared: "I am convinced that it is possible that every single contemporary modern building – including, as it is often presented to us, the paragon of our age, the Neue Sachlichkeit – could be redrawn in any random historical style without infringing in the least on its practical function."[13] Fig. 17

Claudia Cavallar, Elise Feiersinger

16, 'A Dwelling for a Man and his Wife, without Children' from Loudon's Encyclopaedia . . .

. . . 20, with Castellated Gothic jacket . . .

. . . 18, with veranda and terrace . . .

. . . 21, with Monastic Gothic jacket . . .

. . . 19, with trellis . . .

. . . 22, with Elizabethan jacket.

Fig. 17 J. C. Loudon, "A Dwelling for a Man and his Wife, with Children," Encyclopedia, 1834

David Kohn
Although some of my work could be said to challenge notions of
taste, I have decided to present some polite projects. I have tried
to weave my connections to Viennese architecture to what I think
connects me to a British architectural tradition. And that has
arisen in part through a relationship between the conception of
landscapes and interiors by designers.

*Learning from the existing landscape is a way of being
revolutionary for an architect.*[14]

What an introduction to postmodernism: an observation
of the world as it is, of the things that do live cheek by jowl, of
the relationships that are to be found immediately, perhaps before
design gets involved. And I'm going to juxtapose that against
interiors. Prior to moving to the United States, Denise Scott Brown
photographed urban environs. There's a very heterogeneous character to her photographs, which seem to gather all sorts of unlike
things in what are both ordinary and extraordinary views.[15] Fig. 18

Fig. 18 Philadelphia (1961)

In 2007, I began my own practice, and one of the first projects was a temporary restaurant, the Flash at the Royal Academy (2008). At that time I also began to teach and decided to focus on a topic on the periphery of what architects would deem design to be done by architects with a capital A: I chose restaurants.

We went to Vienna and Herr Czech very generously showed us his work and gave a talk to the students. Experiencing the Kleines Café (1970), for example, was very affecting. Although Czech's spaces are often diminutive, they have the capacity to massively expand their impact and presence. The floor plan tells of the reflections in the mirrors. I remember so keenly Herr Czech telling about cafés in Vienna and the amount of time you need to have a decent conversation, and that the act of conversing is an intense experience that is not sustainable over long periods. So the mirror directly behind a person's shoulders offers the eye a moment to look slightly askance, and suddenly, because the distance is much larger, the muscles have to relax. The splay of the building starts to make you feel as if you're in a vast rotunda. And, returning your eyes to your companion, you are refreshed. You've been away and back in an instant. Added to that are lots of fragments from other buildings – for example, gravestones in the floor. As Herr Czech wrote in "Pluralism" ["Mehrschichtigkeit," 1977]:

"Its historical depth is the model for other things: let us say, spatial polyvalence, the overlapping of different coincident (or even simulated) spatial concepts [...]."[16]

I think this aspiration to a richness, that history is not something that is a particular source of influence, but is an idea that can provide a model for other relationships, and this multi-layeredness could extend to all other aspects of the experience of the architecture. After teaching that year, I had the opportunity to design a restaurant.

In the late nineteenth century, the University of London built No. 6 Burlington Gardens, which has now been taken up by the Royal Academy. At the time it was in transition, and this room was chosen as a possible venue for temporary restaurants. In addition to delving into the history of the site as a garden, I looked at other works whose concepts recreated gardens in interiors, in particular, at Pompeian wall paintings. That became a device for structuring the interior of this dining room. Several artists were invited to participate: there was almost an artist per aspect, whether it was the broken fence, felt screen, or the running carrot motif. A fantastical array of plants and animals was produced. This, in turn, spoke to the history of aedicular architecture, which is often about worlds giving on to worlds of increasing complexity and sublime character.

In *Heavenly Mansions,* John Summerson[17] looks to connect this aedicular architecture to a much longer history through Gothic architecture. In a modest way, this interest in exploring what surface is, what depth is, has to do with the lessons from Vienna, in particular, the different roles of mirrors, e.g., the mirror that implies a space beyond. Or the mirror as a picture frame hung at an angle so that you can look up briefly and see other people adjacent to you. On that trip to Vienna I also learned about density of tables and how close people need to be to hear each other. Figs. 19, 20

Herr Czech told me about Bayreuth, the Wagnerian opera house in which having a door at the end of every row of seating creates an intense experience. Correspondingly, by producing many doors around the envelope of this restaurant we increased the density of the tables. That produced a louder space, so we used felt and carpets to soften it. And that again had to do with Viennese cafés and this interest in actually sustaining conversation. And if you've ever considered why London's restaurants are so noisy: it's really not their intention to encourage a longer stay.

Architecture is not life. Architecture is background. *Everything else is* not *architecture.*[18]

In Herr Czech's work, one encounters something very rich and articulated, but it *is* background. And I think, generally, within architecture, background is considered something completely mute, stripped back – and I think in that contradiction is something about the different routes that modernism took.

For the design of the Sanderson House (2011–2014), I was again interested in working with what is very close to hand. At meetings with the clients there were drawings on the table, and much discussion about the elevation looking like a fox, which led to doing everything we could to make it look slightly more like a fox. I was interested in using brickwork as a kind of woven surface. The ground plan reflects my efforts on how to make generous, open spaces that fit with the way we live today, but also to acknowledge that spaces have hierarchies and relationships, and may also be traceable to Loos, and, in turn, Josef Frank. Figs. 21, 22

Claudia Cavallar, Elise Feiersinger

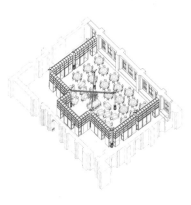

Fig. 19 Flash at the Royal Academy (2008)   Fig. 20 Axonometric drawing

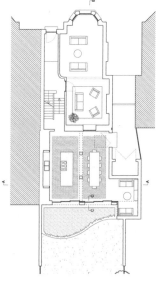

Fig. 21 Rear façade of the Sanderson House
(2011–2014)

Fig. 22 Floor plan

By looking at Herr Czech's cafés, I also learned about the possibility of faking appearances. Here one of the distinctive aspects of the dining room is this vaulted ceiling, but it is literally a wrapped piece of plasterboard underneath a lean-to roof. But that goes a long way to differentiating the higher-status dining room from the adjacent kitchen. I was reminded of the Wunderbar, where beams were added but then chopped back, completely disarming you about the purpose of the structure.

You can see the brickwork, which tips from structural to superficial treatments. And then, the window at the back is through to the original house. And you can see the faked ceiling. Comments are sometime made that, "Oh, it looks like *other* architectures." But I think that the work is not based on other images. It is produced for the social setting, the acoustic performance, the relationships between the parts. And as that evolves, it is straightforward to make allusions. I think there is a difference between design through production and design steered purely by consumption. Fig. 23

Every human being needs a certain degree of sentimentality to feel free. This will be taken from him if he is forced to make moral demands of every object, which include aesthetic demands.[19]

The Ice Cream Factory (2011–2017) is a house at the bottom of a valley in Devon for the furniture designers Oona Bannon and Russel Pinch. The farm is known as Middle Rocombe, which means red stone, and all the stone in the area is red. The commission to extend the existing architecture reminded me of Josef Frank's Dream Houses for Dagmar Grill, and also the drawings that accompany the development of the plans, which were often about giving up on formal constraints and being led by a sequence of simple questions: "How does one enter the garden? What does the route towards the front door look like? How does the front door open? What is the shape of the anteroom?"[20] This is not the set of questions that a formal, high modernism would ask. And I think that is Josef Frank's point. Fig. 24

Fig. 23 Interior view of the fake vault

Fig. 24 Ice Cream Factory (2011–2017)

On the site were different existing structures; the building we transformed had been a colt barn. And we took apart and rebuilt a courtyard house. The route from the door would pass through a sequence of spaces that feel both one and several. We wanted the façades to look as if they had been made over several goes, which is something that Herr Czech has written about Frank's domestic projects, in which, for example, he described the façade of Villa Scholl (with Oskar Wlach, 1913–1914) as having perhaps been a third attempt. Again, there were bits of the façade that seemed incongruous, as though they'd been collected, maybe added later. Different window systems, quite unapologetically addressing different perspectives. Figs. 25–28

Fig. 25, 26 The former colt barn is at the top of the plan.

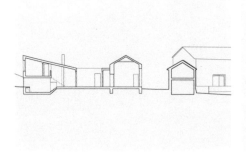 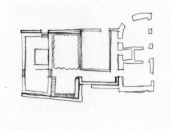

Fig. 27 The courtyard house is on the left side of the cross-section.

Fig. 28 Thoughts on the circulation

Claudia Cavallar, Elise Feiersinger

And then the route: the placement of the bench on the left, because that's where the sun hits, to take off your boots. The lobby, with more benches, with cupboards opposite. In his design of Villa Müller, Loos employed the classic raumplan: the idea of the house being open to the landscape and to the circulation spaces, in this kind of ambiguous, both separate and connected, environment. In Devon, you can read that as mirrored between the courtyard garden and the living room. Figs. 29–31

Fig. 29 **Exterior view**

Fig. 30, 31 In the main living room, there is a connection to all of the house's spaces. Domestic interiors by Adolf Loos, in particular Villa Müller, served as inspiration.

In conclusion, a return to landscape. For this project, New College Oxford (2015–2024), we've very much relied on Nikolaus Pevsner's *Visual Planning and the Picturesque*, a mid-1940s text that was lost and rediscovered in 1984 at the Getty Research Institute and only published in 2010. Pevsner leans very heavily on picturesque texts of the eighteenth century, so for example, Uvedale Price. In his "A Conceptual Matrix for the Current Interpretation of Josef Frank" essay, Herr Czech, in turn, identifies a connection between Price's writing and Frank's work.[21] Photos of Pevsner's journeys through Oxford make apparent how eighteenth-century picturesque strategies can be used to design a town. His tours draw attention to new interventions he claims have been placed knowingly in relation to the other ones to achieve this heightened picturesque effect. Figs. 32, 33

Herr Czech and I didn't compare notes in advance. As it so happens, I would like to conclude with the same quote from *Architecture as Symbol* he cited above:

"Thus, the new architecture will be borne of the entire bad taste of our time, its incoherence, its vibrancy, its sentimentality, of all that is alive and felt [...]."

Fig. 32 Model of New College Oxford (2015–2024)

Fig. 33 Rendering of the entrance

Claudia Cavallar, Elise Feiersinger

1 Josef Frank, "Wiens moderne Architektur bis 1914," *Der Aufbau* 1, 1926, 162–168. In the interest of a comprehensible chronology, the citations refer to original publications. With regard to Josef Frank's texts, English translations in their entirety are to be found in: Josef Frank, *Writings, Published Writings*, 2 vols., ed. by Tano Bojankin, Christopher Long, Iris Meder, Vienna, 2012.

2 For an example of a classicist chandelier, see *a+u* 554 (2016), "Hermann Czech", 65.

3 For a more detailed account of Czech's interventions in the Schwarzenberg Palace, see ibid., 60–65.

4 Charles Jencks, *The Language of Post-Modern Architecture*, New York, 1977.

5 Charles Jencks, "Late Modernism and Post-Modernism," *Architectural Digest* 11–12 (1978), 592–609.

6 Hermann Czech, Wolfgang Mistelbauer, *Das Looshaus* [1976], 3rd supplemented edition: Vienna, 1984, 106; with the exception of "Mehrschichtigkeit," and *Das Looshaus*, the translations of Czech's essays are to be found in: Hermann Czech, *Essays on Architecture and City Planning*, Zurich 2019.

7 *"Against Design"* was shown at Vienna's Museum für angewandte Kunst from 16 December 2015 to 3 April 2016.

8 Josef Frank, *Architektur als Symbol* [1931], Vienna 1981, 89 and 166. The English rendition of the second part of the quote does not convey the reiteration of the reference to time in the German original: "unsere Zeit ist die ganze uns bekannte historische Zeit."

9 Josef Frank, "Der Gschnas für's G'müt und der Gschnas als Problem," in: Deutscher Werkbund (ed.), *Bau und Wohnung*, exh. catalog, Stuttgart, 1927, 48–57.

10 Josef Frank, *Architektur als Symbol*, 171–172, 188.

11 Ibid., 116.

12 J.C. Loudon, "A Dwelling for a Man and his Wife, with Children," in: J.C. Loudon, *Encyclopedia*, London, 1834.

13 Josef Frank, "Die Rolle der Architektur," *Europäische Rundschau* 17 (1948), 777–781 [English translation: Bojankin, Long, Meder, vol. 2, 311–321].

14 Steven Izenour, Denise Scott Brown, Robert Venturi, *Learning from Las Vegas* [1972], Cambridge MA, 1988, 3.

15 For a photo essay bringing together David Kohn's way of seeing the everyday landscape and Max Creasy's documentation of Kohn's work, see *Superposition* 1 (2020), "The Language of David Kohn – Photographs by Max Creasy," 23–39.

16 Hermann Czech, "Mehrschichtigkeit," *Bauen und Wohnen* 4 (1977), 119.

17 John Summerson, *Heavenly Mansions and Other Essays on Architecture*, London 1949.

18 Hermann Czech, "Nur keine Panik," *Protokolle* 2 (1971).

19 Josef Frank, "Accidentism," *Form* 54 (1958), 160–165.

20 Josef Frank, "Das Haus als Weg und Platz," *Der Baumeister* 29 (1931), 316–323.

21 Hermann Czech, "Ein Begriffsraster zur aktuellen Interpretation Josef Franks," *Umbau* 10 (1986), 105–120.

Claudia Cavallar

Die Wohnung Heinz Frank

Die Wohnung von Heinz Frank liegt im 2. Stock des Eckhauses Guntherstraße 13/ Stutterheimstraße 14 im 15. Bezirk, unter dem Hauptsims der Schriftzug: Im Kriegsjahr 1915 erbaut). Ursprünglich bewohnte Franks Familie nur die am Ende des Erschließungsganges gelegene Zimmer/Küche-Wohnung, später wurde die daran anschließende Wohnung angemietet. Die funktionelle Ausrüstung der beiden Wohnungen ergänzte sich: die „neue" verfügte über ein Bad, die „alte" über Küche und WC. Frank verband die beiden Wohnungen 1990 mit einem Durchbruch an der Straßenfensterfront und verschob die Eingangstür so weit in den Gang, dass ein Rundgang durch die Wohnung möglich wurde. Abb. 1

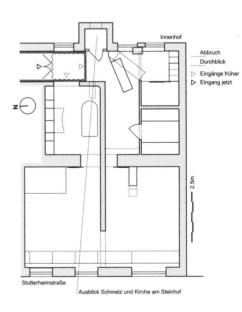

Abb. 1 Skizze des Wohnungsgrundrisses

„Die dritte Haut des
Menschen ist das Haus
(Wohnung), sie paßt
sich dem menschlichen
Körper überhaupt
nicht an. Warum?"

Unmittelbar hinter der neuen Eingangstür hat Frank einen von raumhohen, gemusterten Vorhängen[1] umschlossenen Raum gebildet, den man durch einen Schlitz zwischen den Stoffbahnen betritt. Die (geschlossenen) Vorhänge verbergen die dahinterliegenden Räume und bilden eine Schleuse zwischen dem Außen und einem unsichtbaren Innen, eine Art verblüffender „Desorientierungsraum", der – vor allem beim ersten Besuch – Anhalten, Zögern und Wählen erfordert.

Hinter dem Vorhangraum wird der räumliche Eindruck der Wohnung von der Behandlung von Wänden und Böden dominiert. Der Parkettboden ist dunkelrot gefärbt und lackiert, wobei die Holzmaserung sichtbar bleibt. An den Wänden ist die Maserung hingegen künstlich durch ein Walzmuster über derselben roten Farbe aufgebracht. Diese Wandbemalung zieht sich bis auf die Höhe von 170 cm – der Körpergröße Heinz Franks – über Wände, Türen und Einbauten. Darüber sind Wand und Decke weiß.

Je nach Intensität des Lichteinfalls und des Gebrauchs ist die Wandmalerei unterschiedlich verbraucht, verblasst, ausgebleicht, abgestumpft. An einigen Stellen wird nur Farbe ohne Maserung verwendet, wie bei den Tischflächen oder beim Kücheneinbau, am Drahtglas der WC-Tür wiederum nur Maserung. Im Teeraum unterbricht die liegende „echte" Maserung der Holzrahmen die stehende „falsche" der Malerei. Ausgespart weiß bleiben die Fenster, Jalousien und Fensterbänke, nicht aber die Fensterlaibungen. Türrahmen und Füllungen wurden entfernt, wodurch die Durchgänge als Einschnitte wirken, Türen sind als Tapetentüren ohne sichtbare Handgriffe oder als dünne Schiebeelemente ausgeführt.

Man kann die Wandmalerei als architektonisches Ersatz-Element, als eine Referenz auf zum Beispiel Loos'sche Wandverkleidungen verstehen. Als eine Übung, um mit einfachsten Mitteln eine beeindruckende Raumwirkung zu schaffen, als raumbildendes Element, als Bekleidung, die ein Eigenleben führt gegenüber den vorgefundenen Gegebenheiten.

Genauer betrachtet und vor allem ergänzt durch einige Sätze von Heinz Frank, bekommt die Wandmalerei aber andere, beunruhigende Dimensionen.

> „*A Palaver*: Ich hätte eine Frage zur Farbe von Boden und Wand. Das ist so ein Dunkelrot.
> *Heinz Frank*: Weinrot.
> *A Palaver*: Ja Weinrot.
> *Heinz Frank*: Weil das ist – die Wohnung geht einwärts, das ist eigentlich eine Fleischfarbe, des geht einezua, des is Fleisch, da denke ich an das Innere."[2]

In einem Text vermischt er die architekturtheoretischen Begriffe „Haus", „Haut" und „(Be)Kleidung" und erweitert die Progression Kleidung – Architektur nach innen, ins Körperliche:

> „Das erste und körpergerechteste Haus des Menschen ist sein Körper. Das zweite Haus des Menschen ist seine Kleidung, sie paßt sich dem menschlichen Körper noch weitgehend an. […]
> Die dritte Haut des Menschen ist das Haus (Wohnung), sie paßt sich dem menschlichen Körper überhaupt nicht an. Warum?"[3]

Auf Franks Architekturzeichnungen sieht man als Gebäude erkennbare Gebilde aus belebten und unbelebten Elementen, die manchmal Behausung oder Schauplatz, manchmal selbst Wesen, manchmal etwas von beidem sind. Das Innere der Wände ist allerdings nicht rot, sondern ein grelleres rosa, während ihr Äußeres fleischfarben ist (also hautfarben, nicht fleischfarben im Frank'schen Sinn). Rot ist häufig die Farbe der Schnittflächen. Vielleicht könnte man die Wandmalerei auch als (imaginären) Schnitt durch das Innere lesen, von den „Zaunzacken" mit den roten Schnittflächen der ersten Version der Wandmalerei zur Nur-Schnittfläche, zum Ort, wo sich Haut und Körper trennen, die Maserung als Muskelgeflecht, als Marmorierung. Abb. 2

Abb. 2 Das Badezimmer der Wohnung 1988 mit der alten Wandbemalung.

Abb. 3 *Die Seele entspricht den Konturen ihres Körpers (auch wenn er nicht vorhanden ist)*. 1976.

Claudia Cavallar

Abb. 5 Heinz Frank vor dem Eingang zum „Kleingartenverein Zukunft" auf der Schmelz, also unmittelbar vor seinem Wohnhaus. Aus: „Heinz Frank/Adolf Loos Eine Bewältigung", in: *Bau* Heft 1, 1970 S. 17.

Abb. 4 Das Arbeitszimmer der Wohnung 1988 vor dem Umbau. Viele der Möbel befinden sich auch heute noch in der Wohnung oder wurden in Franks ehemaliger Wohnung in der Mommsengasse verwendet.

Einer der zentralen Gedanken Heinz Franks war die Vorstellung von der Unmittelbarkeit und der (Un)Möglichkeit sie in der künstlerischen Arbeit anzuwenden. Vereinfacht gesagt, je näher eine Arbeit dem Gedanken stand, desto eher konnte sie als „befriedigende" Umsetzung gelten, wobei eine Umsetzung an sich schon ein aussichtsloses Unterfangen war, das aber wieder und wieder versucht werden musste. (Der am Anfang einer Arbeit aufgeschriebene Satz kann aber durchaus später verändert werden, genauso wie die Arbeit selbst.) Techniken, die Unmittelbarkeit zu provozieren, haben häufig mit dem Körperlichen (zum Beispiel Abdrücke von Körperteilen, Quetschen von Material, Löcher bohren ...) oder mit Zufall, Unfertigkeit, Zusammenstellen, Verwendung von gefundenem Material oder Fragmenten zu tun. Andere Werkgruppen zeichnen sich dagegen durch hohe handwerkliche Präzision und verfeinerte Techniken aus, Werke aus Metallguss oder möbelhafte Skulpturen wie der *Sitz doch Seele*-Hocker.

In seiner Wohnung koexistieren die beiden Ansätze. Die Wandeinbauten wurden von Franks langjährigem Tischler Leopold Schramböck ausgeführt, allerdings nach eigenen Aussagen nicht gezeichnet, sondern „aus dem Hosensack" dem ausführenden Tischler erklärt („Ist alles von mir, aber nicht handwerklich").[4] Ähnlich wie in der Wohnung Neuffer sind die Fronten bündig, beim Wandsekretär im Badezimmer nicht rechteckig, sondern organisch abgerundet ausgeführt.

Manche Einbauten haben ausgeklügelte Funktionen, sind aber geradezu provokant einfach gebaut, die Klapptische im Arbeitszimmer, die durch an Scharnieren fixierte Latten in ihrer aufgeklappten Position gehalten werden, oder die aus einfachen (Sperr)Holzplatten bestehenden Schiebetüren, die vielmehr Verstelltüren sind (von Frank als Vorhänge bezeichnet, die „natürlich auch ihre Probleme machen"). Andere sind in ihrer Reduziertheit, in ihrer Ablehnung des allzu Überlegten, Reibungslosen, Virtuosen, des Zu-viel eben, erfindungsreich-elegant, wie die auskragenden Ablageflächen aus Drahtglas, die von vier Stahlnägeln gehalten werden.

Viele der Nischen, Läden und Schachteln in der Wohnung sind Räume, Behausungen für Materialobjekte (Federn, Steine, Radiergummis ...), so zum Beispiel die Fächer der Kastentreppe auf das Dach des Teeraums oder eine wenige Zentimeter große Nische vor dem WC, in der Frank zu Ostern oder Weihnachten saisonale Tableaus einrichtete.

Hermann Czech nannte die Wohnung 2020 in seiner Grabrede auf Heinz Frank „eine Kostbarkeit, die erhalten werden muss".[5] Gegen einigen Widerstand bemühen sich darum Lilli Breuer-Guttmann, Tochter von Heinz Frank, und das „Büro Heinz Frank", ein Verein, der den Nachlass verwaltet. Derzeit läuft ein Verfahren zur Unterschutzstellung durch das Bundesdenkmalamt.

Dank an Lilli Breuer-Guttmann, Katharina Schendl und Sebastian Hackenschmidt.

1 Die Vorhänge waren zu einem früheren Zeitpunkt allerdings einfarbig weiß, wie man auf undatierten Fotos der Wohnung sieht.

2 „Jene Architektur des in sich Wohnens – Die Wohnung von Heinz Frank". David Pasek und Bernhard Frodl im Gespräch mit Heinz Frank. A Palaver 188, 04.02.2019. http://www.apalaver.com/detail_neu.php?id=233

3 Heinz Frank, undatierter Zeitungsausschnitt in Inge Podbrecky, Rainald Franz (Hg.): *Leben mit Loos*, Wien 2008, 74.

4 *A Palaver* 188; Leopold Schramböck und Heinz Frank kannten sich schon als Teenager, Schramböck war damals Tischlerlehrling und bewunderte Frank, picobello gekleidet und auf wechselnden Mopeds aus der Ferne, bis sie sich Jahre später wieder trafen, um schließlich zusammenzuarbeiten. Schramböck arbeitet(e) auch für Hermann Czech und Hans Hollein. Gespräch mit Leopold Schramböck am 2. März 2023.

5 Hermann Czech: „Heinz Frank 1939–2020. Grabrede", in: *springerin*, Heft 3/2020. https://www.springerin.at/2020/3/review/heinz-frank-19392020/

Guntherstraße 13

Guntherstraße 13

Guntherstraße 13

Guntherstraße 13

Vom Umgang mit gebauter Geschichte – Das Warten der Station Neuberg

Wer das Wort „warten" im Wörterbuch von J. und W. Grimm nachschlägt, erfährt, dass es in seiner ursprünglichen, heute vergessenen Bedeutung, „wohin schauen, seine aufmerksamkeit auf etwas richten, versorgen, pflegen" meint – eine Bedeutung, die noch im Wärter und Bahnwärter, der Ausschau hält nach dem Zug, zu hören ist. Ergänzend stehen im Wörterbuch die Übersetzungen ins Lateinische: „videre, cernere [wahrnehmen, deutlich sehen, erkennen, unterscheiden], intueri [hinschauen, ansehen, betrachten], spectare, adspicere, prospicere [in die Ferne, hinausschauen], respicere [zurückblicken, sich umblicken, Rücksicht nehmen], considerare [betrachten, überlegen, erwägen], exspectare [warten, erwarten]". Warten geht also in alle Richtungen, in die Vergangenheit, die Gegenwart und Zukunft, oder, anders gesagt, in allen Richtungen liegt das Warten, im Zurück- und Umschauen und in der Vorsicht.

Wer heute den Bahnhof in Neuberg an der Mürz, im Naturpark Oberes Mürztal in der Steiermark, betrachtet, sieht ein Gebäude im Wartezustand, oder, zugleich auch, in einem einigermaßen ungewarteten Zustand. Der Bahnhof selbst sieht keine Wartenden mehr, und Passierende mit Fahrrad oder Hund sehen keinen Bahnhof mehr. Der Personenverkehr wurde 1996 eingestellt, der Güterverkehr um 2000. Danach erwarb die Gemeinde Neuberg Gebäude und Grundstück von den ÖBB und über die nächsten zehn Jahre blieb das Gebäude ungenutzt. Nur sporadisch gab es kulturelle Veranstaltungen wie Lesungen oder Konzerte, etwa zu den Ernst-Jandl-Tagen. Insgesamt scheint das in öffentlichem Besitz liegende Areal als weitgehend wertlos angesehen zu werden, oder wird so behandelt. Sein Wert wird nur in der Wertlosigkeit gesehen. Ein Ort, an dem man sein Auto wendet oder kaputte Autos, in einer Feuerwehrübung angezündet und gelöscht, abstellt, wo aus dem Friedhof entfernte Grabsteine abgeladen werden und neben entsorgungspflichtigem Bauschutt und Baumschnitt übereinanderliegen.

In direkter Nachbarschaft des Bahnhofs, dort, wo früher, wie alte Postkarten zeigen, eine kleine Gartenanlage als eine Art Miniatur des Wiener Stadtparks angelegt war, steht jetzt ein Altstoffsammelzentrum; zuvor war es ein Lagerhaus der Firma „Das Lagerhaus" für den Verkauf landwirtschaftlicher Produkte. Um 2000 wurde auch das Lagerhaus geschlossen. Jetzt wird hier Altstoff gesammelt. In klobigen Containern landen Sperrholz, Tische, alte Sofas, Kinderwägen, eine Kinderrutsche, Regenschirme, Batterien, Bohrmaschinen, Rasenmäher, Töpfe, Drähte, Dachrinnen, Gartenzwerge, Fahrräder. Zum Teil sind die Dinge intakt oder könnten repariert werden.

War der Bahnhof ehemals ein Zentrum in Neuberg, so steht er heute isoliert da und ist selbst ein Lagerhaus geworden. Im Winter ist hier unter dem Verandadach eine kühne Installation aus Parkbänken des Naturparks zu sehen, die, anscheinend wertvoller als der Bahnhof oder der Platz unter dem großen Vordach, vor Regen und Schnee geschützt sind.

Auf historischen Fotografien und Plänen der Station Neuberg entdeckt man: einen Güterschuppen, eine Remise, einen Abort flankiert von Bäumen und die Schienenanlage. Weitere Nebengebäude und die Infrastruktur wurden abgerissen oder entfernt. Von der gesamten Anlage steht heute nur noch der denkmalgeschützte Bahnhof selbst. Anzeichen für einen schleichenden Abriss sind mutwillige Zerstörungen wie das Abmontieren von Schildern, das Entfernen von Türklinken oder eingeschlagene Fensterscheiben. Hier kann beobachtet werden, wie ohne zu warten ein Abriss der Geschichte betrieben wird – die Verwandlung der Geschichte in eine große, weit um sich greifende Müllhalde. Einige Neuberger Bürger:innen dürften nicht erkennen, ob und dass dieses Gebäude und seine Geschichte einen Wert haben oder wie man damit umgehen sollte. Vielleicht ist ein Weg dorthin das Warten?

Ist dieser Bahnhof, geplant ab 1875, erbaut 1879, alt? Können neue Bauten nicht auch alt sein oder alt aussehen und können alte neu bleiben, wenn wir unsere Aufmerksamkeit ganz auf sie richten? Seit 2015 nimmt sich der Verein Neuberg College zusammen mit dem Verein studio magic diesem Warten an. 2019 wurde mit dem Gemeinderat von Neuberg ein eigens verfasster Zusammenarbeits- und Entwicklungsvertrag aufgesetzt, in dem sich beide Parteien verpflichten, den Bahnhof zu warten. Gemeinsam mit dem Bundesdenkmalamt werden die Umbauschritte entwickelt. Eine Forschungsgruppe des Neuberg College untersucht in ehrenamtlicher Arbeit Baugeschichte und Archiv der Station im Österreichischen Staatsarchiv, dem Landesarchiv in Graz und im Archiv des Südbahnmuseums in Mürzzuschlag. Student:innen der TU Graz und Innsbruck entwickelten Nutzungskonzepte vor Ort und in Innsbruck und Mailand wurde eine Masterarbeit zum Projekt eingereicht, das Diplom mit Auszeichnung vergeben. Umbau und forschende Begleitung des Umbaus, Recherche und Planung gehen am Bahnhof Neuberg Hand in Hand.

Der Bahnhof in Neuberg war, als er entworfen und gebaut wurde, modern, eine Einheit von Funktion, Konstruktion und Form. Eine reine, schlichte Bauform, eine klare Gliederung der Baumassen, ornamentlose Wandflächen, betonte Konstruktionselemente. Ansätze dafür finden sich im frühen Industriebau, und in den funktionalistischen Konzepten der Architektur des Vormärz sowie in den Entwicklungen von Paul Sprenger, Architekt im Staatsdienst zahlreicher Verwaltungsgebäude wie dem Hauptmünzamt am Heumarkt in Wien oder dem alten Westbahnhof in Budapest. Sprengers Ideen begründeten die funktionalistische Architektur, die die innere Konstruktion, die bequeme und überschaubare Raumverteilung und die Zweckmäßigkeit in den Vordergrund stellte. Die Fassade folgt dieser inneren Konstruktion, anstatt das rein malerisch Schöne auszudrücken.

Modern in der Geschichte der Eisenbahnbauten ist auch die Vereinheitlichung verschiedener Gebäudegattungen. Die Entwürfe der Hochbauten wurden in bahneigenen Architekturbüros von universell geschulten Ingenieuren oder Baumeistern erstellt, die für die großen Bauaufgaben bald an einer Typologisierung der Pläne arbeiteten. Die Erarbeitung dieser Normalienpläne oder Bau-Normalien für die Südbahn geht auf das Büro von Wilhelm von Flattich (1826–1900) zurück, von 1858 bis 1880 Baudirektor der Österreichischen Südbahngesellschaft. In seine Zeit fallen die Erweiterungen der Südbahnstrecke mit der Umgestaltung des Wiener Südbahnhofs 1869–74, Pläne für die Hochbauten der Brenner- und Pustertalbahn, die Bahnhöfe Innsbruck, Kufstein, Graz und eben auch die Station in Neuberg.

Die Typenentwürfe waren nach Größenordnungen unterschieden und wurden im Baukastensystem ausgeführt. Alle Empfangsgebäude teilten die gleiche Gebäudetiefe, den gleich breiten Mittelbau, identische Fenster, Türen, Gesimse, Giebel, Dachstühle. Daneben gehörten, nach Funktionen getrennt, Wärterhäuser, Heizhäuser, Magazine, Werkstätten, Pumpenhäuser, Remisen, Wassertürme und eine Vielfalt weiterer kleinerer Bauten zum System. Die Grundlage dieser Typenprojektierung bildet die innere Einteilung der Räumlichkeiten, die Summe der unterzubringenden Funktionen. Das Ergebnis sind standardisierte Grundrisse, in denen die unterschiedlichen Räumlichkeiten zweckmäßig zueinander stehen. Wartesäle für die Reisenden, nach den drei Wagenklassen getrennt. Das Vestibül zum Kartenverkauf und der Gepäckaufgabe; dieses schloss sich den Büroräumen des Betriebs an, die Diensträume dann der Wohnung des Wärters. Die Aborte standen bei kleineren Bahnhöfen als freistehende Holzhäuser neben den Aufnahmegebäuden. Jede Ausführung war bis in die kleinsten Details, wie Türgriffe, Scharniere, selbst der Toilettentüren und WC-Deckel, in außerordentlich detaillierten Plänen gezeichnet – die Genauigkeit ist verblüffend.

Für jede tatsächliche Ausführung wurden, nach den jeweiligen Gegebenheiten und Erfordernissen vor Ort, die Bau-Normalien angepasst – eine Adaptierung, die dem Bahnhofsbau in Neuberg einen Hof-Salon, heute oft kaiserlicher Wartesaal genannt, mit schwerer, aufwendig gestalteter und bemalter Holzkassettendecke bescherte, da Kaiser Franz Josef I. im Oberen Mürztal ein Jagdrevier besaß, wo er auch Staatsoberhäupter wie Wilhelm II. und Zar Nikolaus II. empfing.

Das Bahnhofsgebäude in Neuberg gliedert sich in drei Teile: einen eingeschossigen Mittelbau (für administrative Funktionen), flankiert von zwei Eckbauten, den eingeschossigen Hof-Salon und ein zweigeschossiges Wohngebäude für das Bahnpersonal. Vor dem Mittelbau und über die Seite des Hof-Salons zieht sich zum Bahnsteig hin ein großes Verandadach auf gusseisernen Säulen. Die Außenmauern sind im Steinrohbau ausgeführt, mit Mörtelfugen, überwiegend als Sichtmauerwerk mit eingefassten Eckquadern und weißen Einfassungen der Fensterrahmen und teilweise noch erhaltenen Anschlagtafeln. Das Mauerwerk ist gegliedert durch ein verputztes weißes Hauptgesims und unterbrochen durch ein Mittelgesims als feines Rohziegelfries schräg zueinander liegender Ziegel. Der Dachstuhl in Holzkonstruktion ist mit einer Bretterverschalung verkleidet, mit Holzschnitzereien und Zierelementen. Holztüren und Fenster sind großteils im Originalbestand, ebenso die Scheiben der Kastenfenster. Auf Mittelbau und Wohntrakt liegt ein Satteldach, auf dem Eckbau des Hof-Salons ein Walmdach, darunter die

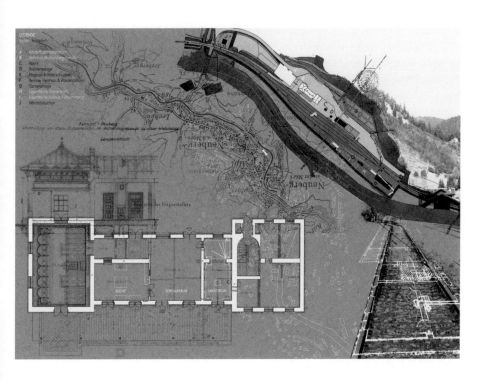

Holzkassettendecke und kleine quadratische Fenster, die mit kunstvoll bemalten Scheiben in die Konstruktion der Decke eingelassen sind. Die Kastenfenster im Hof-Salon zeigen eine besonders hochwertige Ausführung, mit geätztem Glas und Beschlägen, wie sie auch in der Hofburg in Wien zu sehen sind.

Je mehr Aufmerksamkeit man dem Gebäude widmet, desto wertvoller erscheint es. Im Österreichischen Staatsarchiv liegen unter der Sigle PlA (Planarchiv) GIuVM (Generalinspektion und Verkehrsministerium) STB 6582 die Ausführungspläne zum „Aufnahmsgebäude" der „Station Neuberg" der „K. K. Direction für Staats-Eisenbahnbauten", unterschrieben von Flattich in Wien im April 1879. Auf den Ausführungsplänen, gezeichnet vom Architekten Ober-Ingenieur Johann v. Braunögger, kann man sehen, dass die Wände des Hof-Salons früher mit einer Holzvertäfelung und die Türen mit hölzernen Supraporten versehen waren. Sie zeigen die erste Projektierung der Kassettendecke und des mehrfach profilierten Gesimses mit Zahnschnittfries.

Im Archiv findet sich auch ein Plakat, eine „Kundmachung" der K. K. priv. Südbahn-Gesellschaft vom November 1879, zur offiziellen Eröffnung der Zugstrecke Mürzzuschlag – Neuberg als Nebenbahn der Südbahnlinie und des Bahnhofs am 1. Dezember 1879. Im Local-Anzeiger der *Presse* erscheint am Dienstag, dem 2. Dezember, ein Bericht zu der Eröffnung. Der Reporter schreibt: „Nachdem die Gemeindevertretung den Ministern vorgestellt wurde, wurde das Bahnhofsgebäude besichtigt, welches ein wahres Bijou bringt: den für Se. Majestät den Kaiser bestimmten Wartesalon, der bei seiner strengen Einfachheit und Schmucklosigkeit, in seiner Ausführung ein Muster von Geschmack und Stil ist. Die Wände und die Decke sind durchgehends mit duftendem Zirbelholz ausgelegt. Gegenüber dem kunstvollen Kamin befindet sich ein großer, von schön geschnitzten Säulen gehaltener Wandspiegel. Ein ovaler Tisch und vier geschnitzte Stühle vollenden das Ameublement. Der Besichtigung des Bahnhofs folgte der Besuch des Eisenwerks [...]." Der Gemeinderat von Neuberg und der Kaiser besichtigten nach dem Bahnhof und der neuen Bahnlinie das unweit gelegene Industriegebiet, wo ein Walzwerk aufgebaut war, mit dem die längsten Eisenbahnschienen jener Zeit hergestellt werden konnten – für den Eisenbahnausbau in Ungarn. Die Produktion erfuhr durch die großen Aufträge im Eisenbahnbau einen enormen Aufschwung; Bahnhof und Industrie in Neuberg sind auf vielfältige Weise aufeinander bezogen – hier wurde auch für die k. u. k. Rüstungsindustrie produziert.

Siegfried Kracauer verglich in seinem 1969 posthum erschienenen geschichtsphilosophischen Buch *History. The last things before the last* den Wartesaal eines Bahnhofs mit „a kind of meeting place for chance encounters" (Kracauer 1969, 150). Walter Benjamin habe in seinen „Geschichtsphilosophischen Thesen", so Kracauer, die Unhaltbarkeit der Idee eines Fortschritts der Menschheit damit begründet, dass sie unlöslich verbunden sei mit „the idea of chronological time as the matrix of a meaningful process".

Die sinnvolle raumzeitliche Einheit – der historische Zeitraum („historical period") –, die wie der Kalender oder der Fahrplan dazu dienen soll, den Lauf der Zeiten zu strukturieren, zerfalle vor unseren Augen (ebd., 147–150). Das Ergebnis sei, dass der homogene historische Zeitraum zu einem Treffpunkt von Zufällen werde – gleichsam ein Wartesaal eines Bahnhofs.

Warten, so Kracauer an einer anderen Stelle seines Buches, sei ein notwendiger Teil der historischen Arbeit, in der sich die beobachtende Person, um die eigene Erkenntnis erweitern zu können, selbst auszulöschen versucht. Das heißt, sie versucht, passiv zu werden. Kracauer verweist dazu auf einen Rat von Arthur Schopenhauer, der in *Die Welt als Wille und Vorstellung* schreibt: „Vor ein Bild hat jeder sich hinzustellen wie vor einen Fürsten, abwartend, ob und was es zu ihm sprechen werde; und, wie jenen, auch dieses nicht selbst anzureden: denn da würde er nur sich selber vernehmen." (zit. ebd., 232) Kracauer ergänzt:

„Waiting in this sense amounts to a sort of active passivity on the historian's part. He must venture on the diverse routes suggested to him by his intercourse with the evidence, let himself drift along, and take in, with all his senses strained, the various messages that happen to reach him. Thus he will more likely than not hit upon unexpected facts and contexts some of which perhaps turn out to be incompatible with his original assumptions. But do not his wanderings bring again his self into play, the very self which according to premise should have been put to sleep?" (ebd., 84–85)

Wer die Neuberger *Fahrordnung* aufmerksam betrachtet, wird neben den Reisezeiten (von 3,5 bis zu 5,5 Stunden zwischen Wien und Neuberg) auch die Nichtreisezeiten lesen können. Die Verbindungen von und nach Wien, Graz oder Triest liefen alle über Mürzzuschlag, wo man umsteigen musste. Wartezeiten von 25 Minuten bis zu über einer Stunde ergaben sich in Mürzzuschlag. Wartezeiten in Neuberg sind aus den Angaben nicht erkennbar. Dennoch sind solche dokumentiert. Damit der *Herr von Triest*, so ein Teil des Großen Titels von Kaiser Franz Josef I., zu seinem Jagdschloss in Mürzsteg kommen konnte, musste er in Neuberg von der Bahn auf die Pferdekutsche umsteigen. Stellen wir uns also vor, dass der Kaiser und sein Hof im Bahnhof in Neuberg warten.

Wenn der Reporter der *Presse* und Betrachter des Bahnhofs im Dezember 1879 die „strenge Einfachheit und Schmucklosigkeit" in der Ausführung des Hof-Salons hervorhebt, verwendet er dabei nicht einen Code? Modernität und Neuigkeit des Bahnhofs Neuberg zeigen sich vielleicht besonders oder lassen sich besser erkennen im Vergleich mit dem Kaiserbahnhof Joachimsthal in der Uckermark, in Brandenburg, den Wilhelm II. zwanzig Jahre nach dem Bau des Neuberger Bahnhofs in seinem Jagdrevier errichten ließ. Hier gab es keine Industrie, hier herrschte eine ganz andere kaiserliche Ästhetik – keine Einfachheit, keine Schmucklosigkeit: Das Ensemble besteht aus zwei Gebäuden, ein größeres, das ausschließlich für den Empfang des Kaisers, seiner Jagdgesellschaft und wohl auch politischer Gäste gebaut wurde, und in sicherem Abstand daneben ein kleineres für den öffentlichen Gebrauch. Beide orientieren sich am Gebäudestil der Villa.

Am 28. Dezember 1918 schreibt Harry Graf Kessler in seinem Tagebuch über die kaiserliche Ästhetik von Wilhelms Berliner neobarockem Hohenzollernschloss (heute neo-neobarock), das er betritt, als es von Arbeitern und Soldaten besetzt ist, nachdem der Kaiser es zuvor im Oktober 1918 verlassen hatte: „Aus dieser Umwelt stammt der Weltkrieg, oder was an Schuld den Kaiser für den Weltkrieg trifft: aus dieser kitschigen, kleinlichen, mit lauter falschen Werten sich und Andre betrügenden Scheinwelt seine Urteile, Pläne, Kombinationen und Entschlüsse. Ein kranker Geschmack, eine pathologische Aufregung die allzu gut geölte Staatsmaschine lenkend! Jetzt liegt diese nichtige Seele hier herumgestreut als sinnloser Kram. Ich empfinde kein Mitleid, nur, wenn ich nachdenke, Grauen und ein Gefühl der Mitschuld, dass diese Welt nicht schon längst zerstört war, im Gegenteil in etwas andren Formen überall noch weiterlebt." Und als Nachtrag am 30. Dezember: „Die Beziehungslosigkeit des Kaisers und der Kaiserin zu unserer Zeit bestätigte die Taegert [Freundin der Kronprinzessin Cecilie von Preußen] nachdrücklich, als ich meine Eindrücke im Schlosse schilderte." Am Kaiserbahnhof in der Uckermark zeigt der Kaiserpavillon schon über der Eingangstür, auf dem Dach, an den Wänden der repräsentativen Räume, an der Decke und an den Fenstern durch Insignien dem Kaiser, dass er Kaiser ist. Im Privatraum, zur Umkleide bestimmt, überall in Wiederholung das WII., über die ganze Wand verteilt, als reines Ornament. In der Empfangshalle mit einem großen gemauerten Ofen sind an den Wänden Jagdszenen zu sehen, Rebhühner, Schweine, Füchse und andere Tiere in infantiler Ausführung. Keine Darstellung von Jagdszenen oder -zielen.

Der Bahnhof in Neuberg hingegen unterscheidet nicht zwischen einer privaten, kaiserlichen Jagdgesellschaft und Reisenden. Der Grundriss des Ausführungsplans unterteilt die Station Neuberg in Hof-Salon, Wartesaal I. und II. Cl., Wartesaal III. Cl. auf. Die Pläne aus dem Staatsarchiv zeigen auch eine Verbindungstüre zwischen dem Hof-Salon für den Kaiser und dem Wartesaal I. und II. Klasse, und dieser war wiederum mit dem Wartesaal III. Klasse verbunden. Erstere wurde in einem der Umbauschritte im 20. Jahrhundert, wahrscheinlich kurz nach 1918, zugemauert. Wer heute genau die Mauer betrachtet, kann die frühere Öffnung in der Wand noch an den Rissen im Putz ablesen. Man wusste offensichtlich nach 1918 nicht recht, was man mit dem ehemaligen Hof-Salon des Kaisers anfangen sollte. Die Einrichtung wurde ausgeräumt, der Kachelofen abgebrochen, Spiegel, Holzvertäfelung, die hölzernen Supraporten und die Wand-

Warten geht also in
alle Richtungen, in
die Vergangenheit, die
Gegenwart und
Zukunft, oder, anders
gesagt, in allen
Richtungen liegt das
Warten. Im Zurück-
und Umschauen und
in der Vorsicht.

bespannung entfernt. Teppich und Sternparkett wurden herausgerissen, das Fries einfärbig übermalt, die kaiserliche Toilette entfernt, der Boden mit Portlandzement betoniert. Die Verbindungstüre vom Vestibül in den Wartesaal I. und II. Klasse wurde zugemauert, das Büro des Bahnvorstands dorthin verlegt, während das frühere Büro zur allgemeinen Toilette umgebaut wurde, die Verbindungstüren zum Wohntrakt oder von Mittelbau zu Eckbau, zugemauert. Im großen Wartesaal III. Klasse wurde ein Wandkreuz eingebaut, um die administrativen Räume unterzubringen. Man hat also drei von drei Wartesälen in einem Bahnhof geschlossen. Neuberger:innen berichten auch, dass man nach dem Lösen der Fahrkarte am Schalter das Gebäude durch dieselbe Eingangstür wieder verließ und um das Gebäude herum den Bahnsteig betrat. Schließlich hat man über dem Oberstock des Wohngebäudes noch einen Dachbodenausbau vorgenommen, um ein Badezimmer zu gewinnen. Aus heutiger Sicht hat man mit all diesen Umbauten aber vor allem verloren. Jeder Eingriff hat Schäden am Gebäude verursacht. Der Dachbodenausbau sorgte für einen Dachschaden und Schimmel in der Toiletteanlage. Das Wandkreuz wurde schlecht gesetzt, ist eingesunken und hat den Holzdielenboden aus Lärche eingedrückt. Vor allem aber hat man Verbindungen verloren und unterbrochen – neben den Bahnverbindungen auch die sozialen.

Auf Grundlage der Recherchen zur Baugeschichte in den Archiven, der Betrachtung – oder: Wartung – des Archivs Station Neuberg und zusammen mit dem Bundesdenkmalamt haben Studio Magic und der Verein Neuberg College mit langsamen und umsichtigen Rück- und Umbauschritten begonnen. Das gesamte Gebäude und der Keller wurden mit der Hilfe von Refugees komplett entrümpelt. Die WC-Anlagen abgebrochen, der beschädigte Wandputz abgeschlagen, der Boden ausgehoben und ersetzt, der Bereich mit Wasser versorgt, der Bahnhof an das öffentliche Kanalnetz angeschlossen; das Wandkreuz im ehemaligen Wartesaal III. Klasse abgerissen; die gesamte Elektroanlage erneuert; im Wartesaal I. und II. Klasse eine Küche eingebaut.

Im Oktober 2022 wurde die Putzoberfläche im ehemaligen Hof-Salon restauratorisch untersucht. Es wurden an allen Wänden des Raumes Stratigraphien zur Einsicht in den historischen Putz- und Fassungsbestand angelegt. Die originale Gestaltung ist an allen Wandflächen unter vier rezenteren Fassungen vollständig erhalten, auch wenn einzelne Partien und Details stark pudern und entfestigt sind. Das Gesims war mit einer differenzierten, malerischen Holzimitation mit begleitenden Linierungen versehen. Genauer, von oben nach unten: Holzimitation mit horizontalem Pinselduktus, Begleitstrich in Zinnoberrot mit einer caput mortuum-farbenen Schattenlinie, ein weiterer roter Begleitstrich als unterer Abschluss der Hohlkehle, ein intensiv blauer Begleitstrich als oberer Abschluss des Zahnschnitts, der Zahnschnitt selbst in einer helleren beige-braunen Holzimitation mit dunklen Rücklagen. Unterhalb des Gesimses wurde eine Kette von Nägeln bzw. Nagellöchern mit textilen Resten freigelegt, die auf eine ursprüngliche Stoffbespannung der Wand zwischen dem Gesims und der Holzvertäfelung hinweist.

Für die Präsentation des historischen Bestandes könnte ein Sichtfenster am Gesims angelegt werden, was auch für die übrigen Räume empfohlen wäre. Zusammen könnten so die „historischen Abstufungen der sozialen Hierarchie anhand der bauzeitlichen Wandgestaltung" aufgezeigt werden.

Das Neuberg College stellt sich uns Architekt:innen von Studio Magic als eine atypische Entwurfsaufgabe dar. Sie basiert auf gemeinsam entwickelten Ideen zweier Vereine und der Gemeinde Neuberg, die einen ehemals öffentlichen Ort wieder der Öffentlichkeit zugänglich machen möchte. Der Fokus liegt dabei auf dem Eröffnen von gedanklichen, architektonischen und sozialen Möglichkeitsräumen. Am Bahnhofsgebäude, das ursprünglich den Zweck hatte, Reisende aufzunehmen, um sie sogleich wieder zu entlassen, sollten jetzt Reisende ankommen, um zu bleiben. Das disziplinenübergreifende kreative Gespräch soll ebenso stattfinden wie das gemeinsame Harken und Jäten im Garten, das Reinigen der Räume und Fenster, das Entfernen von Spinnweben oder das gemeinsame Kochen am Ende eines langen College-Tages. Und langsam aber sicher sollen sich auch die Neuberger:innen wieder heranwagen an diesen einst bekannten, dann vergessenen und jetzt neuen Anziehungspunkt in der Gemeinde.

Wie plant man als Architekturkollektiv das Nicht-Planbare, welches sind die Entwurfswerkzeuge, die hier angewandt werden können? Denn die bisher bekannten sind es nicht, oder zumindest nicht ausschließlich. In der Rückschau war es gut, dass wir auf die Eindrücke bei der Arbeit am Bahnhof geachtet haben. Wir haben auf die Zwischenmeldungen gehört, die im Gespräch gefallen sind und oft mehr über die grundlegenden Bedürfnisse aussagen als eine lange Diskussion.

Zwei Jahre nach Abschluss des offiziellen Zusammenarbeits- und Entwicklungsvertrages war es dem Neuberg College zum ersten Mal möglich, dem Bürgermeister ein Glas Wasser aus dem eigenen Hahn im Gebäude anzubieten. Die Besucher:innen finden am Bahnhof wieder eine Toilette vor. Sie hat eine dreiflügelige Dreh-Tür-Wand und kann so groß sein wie ein kleines Bad und so klein wie eine Standard-WC-Kabine. Die Hände wäscht man sich im experimentellen Nachbau eines von Alvar Aalto entworfenen Waschbeckens. Der Lichteinfall ist gedämpft wie im Wohnraum eines traditionellen japanischen Wohnhauses.

Bei der schrittweisen und diskursiven Entwicklung dieses Ansatzes, der fast ausschließlich aus dem Tun vor Ort und mit dem Ort erwachsen ist, liegt die Methode in der Definition und Unterscheidung zweier architektonischer Hauptbestandteile. Der eine ist starr und schwer, aber auch stabil und resilient, der andere flüchtig und stetig im Wandel begriffen. Ersteren, die Hardware, fassen wir mit zweiterem, der Software, zu einem sich fortwährend wechselwirksam beeinflussenden Ganzen zusammen. Mit der Hardware meinen wir die tragende Struktur des Gebäudes und die Infrastruktur. In der Auseinandersetzung mit dem vorgefundenen Bestand haben wir etliche Elemente dieser Hardware ausgemacht, die im Nachhinein hinzu- und angefügt worden waren. Sie sind zum Zeitpunkt unserer Intervention nicht mehr für eine weitere Nutzung tauglich. Wir haben sie ebenso wie die nicht mehr funktionstaugliche Infrastruktur behutsam aus dem Bestand herausgelöst und den Ort dadurch wieder geöffnet. Im nächsten Schritt fügten wir raumabschließende massive Bauteile (wie einen neuen Bodenaufbau) neben der grundlegenden Infrastruktur (Abwasser, Wasser, Strom) und entsprechenden Entnahme- und Einfüllstellen hinzu (Leitungen, Hähne, Schalter, Steckdosen, Aufstandsbögen und Abflussrohre). All das bildet den Rahmen für die programmatisch wandelbaren Laborsituationen im Inneren. Diese werden mittels der im Leichtbau und dadurch leicht veränderbar gebauten Software ermöglicht. Die dreiteilige Dreh-Tür-Wand der ersten Toilette sowie das Experimentalwaschbecken sind ebenso temporär konzeptioniert wie die improvisierte Küchenausstattung im ehemaligen Wartesaal der I. und II. Classe. Unabhängig davon, ob eine Improvisation zum adoptierten Dauerzustand wird, wohnt diesen Einbauten das Potenzial der Veränderbarkeit inne. Vielleicht ist das auch der Denkansatz des College: Wir kreieren einen ersten Rahmen, um den herum es uns möglich wird zu arbeiten, und dabei denken und bauen wir ihn stetig weiter, verändern ihn oder lassen ihn gleich, verdichten ihn im Inneren oder höhlen ihn wieder aus, um neuen Platz zu schaffen. Die Übersetzung dieser Idee in einen räumlichen Leitgedanken ist die architektonische Entdeckung für uns. Sie war in der schönen Absurdität eines Bahnhofs, der noch so heißt, aber nicht mehr wie einer gebraucht werden kann, verborgen, und gemeinsam haben wir sie Schicht für Schicht herausgearbeitet und ans Licht gebracht.

Literatur

Friedrich Achleitner: „Vom Umgang mit gebauter Geschichte", in: *Das Zürich Kosmos-Haus, ehemals Palais Ofenheim. Renovierung und Revitalisierung.* Hg. v. Helmut Schlegel, Zürich Kosmos Versicherungen AG: Wien 1987, 6–11.

An atlas of commoning. Orte des Gemeinschaffens. Nr. 232 (07/2018), *Arch+:* Aachen 2018.

Ansichtskarten Online (AKON). Online-Datenbank unter: *akon.onb.ac.at.* Hg. v. Österreichische Nationalbibliothek, Wien.

Architektenlexikon Wien 1770–1945. Online-Datenbank unter: *www.architektenlexikon.at*. Hg. v. Architekturzentrum Wien (Dietmar Steiner), 2003–2013.

Walter Benjamin: *Werke und Nachlaß. Kritische Gesamtausgabe*. Band 19: *Über den Begriff der Geschichte*. Hg. v. Gérard Raulet, Suhrkamp: Berlin 2010.

Günther Buchinger: *Villenarchitektur am Semmering*. Reihe: Semmering Architektur. Band 2, Böhlau: Wien 2006.

Deutsches Wörterbuch von Jacob und Wilhelm Grimm. Band 27: *W–Wegzwitschern*. Hg. v. Karl v. Bahder, u. Mitw. v. Hermann Sickel. 1922. Nachdruck, dtv: München 1984.

Günter Dinhobl: *Die Semmeringbahn. Eine Baugeschichte der ersten Hochgebirgseisenbahn der Welt*, Böhlau: Wien 2018.

Hans Eichhorn: *FAST das Große Haus. Wiederholungen*, Bibliothek der Provinz: Weitra 2019.

Maria Eichhorn: *In den Zelten 8/9/9a/10 > John-Foster-Dulles-Allee 10, Berlin*, Haus der Kulturen der Welt: Berlin 2015.

Maria Eichhorn: *Relocating a Structure*. German Pavilion 2022, 59th International Art Exhibition – La Biennale di Venezia.

Klaus Heinrich: *der gesellschaft ein bewußtsein ihrer selbst zu geben*, ça ira: Wien 1998.

Marie Jahoda, Paul Felix Lazarsfeld und Hans Zeisel: *Die Arbeitslosen von Marienthal*, Hirzel: Leipzig 1933.

Marie Jahoda: *Arbeitslose bei der Arbeit*. Hg. v. Johann Bacher, Waltraud Kannonier-Finster und Meinrad Ziegler. Aus dem Englischen v. Hans Georg Zilian, Studienverlag: Innsbruck 2019.

Harry Graf Kessler: *Das Tagebuch 1880–1937*. Band 6. 1916–1918. Hg. v. Günter Riederer, Klett-Cotta: Stuttgart 2006.

Siegfried Kracauer: *History. The last things before the last*, Oxford Univ. Press: New York 1969.

Mihály Kubinszky: *Bahnhöfe in Österreich. Architektur und Geschichte*. 2. Aufl. Slezak Keg: Wien 2008.

Kutatási utazási utasítás egy. Hg. v. Neuberg College – Verein für Übersetzung der Gesellschaft. Neuberg College Press: Neuberg an der Mürz 2018.

Dominique Laporte: *History of Shit*. Übers. v. Rodolphe el-Khoury, MIT Press: Cambridge, Mass. 2000 (1978).

Erich Nährer: *Unsere Neubergerbahn 1879–2000*, Sutton: Erfurt 2020.

Hannes Nothnagl und Barbara Habermann: *An der Südbahn*, Sutton: Erfurt 2007.

Oesterreichische Eisenbahn-Zeitung, Organ des Club oesterreichischer Eisenbahn-Beamten, Zamarski: Wien 1879.

Österreichisches Staatsarchiv: *Generalinspektion und Verkehrsministerium. Planarchiv*.

Othmar Pickl und Walter Kanzler: *Geschichte der Marktgemeinde Neuberg a. d. Mürz*, Selbstverlag der Gemeinde Neuberg, 1996.

Fabia Podgorschek und Marie-Luise Reinecke: *Bericht zur restauratorischen Befunduntersuchung des Hof-Salon, Bahnhof Neuberg an der Mürz*, Oktober 2022.

Cedric Price Works 1952–2003. A Forward-Minded Retrospective. Hg. v. Samantha Hardingham, Architectural Association (London) und Canadian Centre for Architecture (Montreal), 2016 (darin: „Non-Plan: An Experiment in Freedom", „Potteries Thinkbelt", „Aiming To Miss").

Karl Schlögel: *Im Raume lesen wir die Zeit. Über Zivilisationsgeschichte und Geopolitik*, Hanser: München 2003.

Amand v. Schweiger-Lerchenfeld: *Die Überschienung der Alpen*. Hg. v. Erhard Born, Moers: Steiger 1983 (zunächst in: *Das eiserne Jahrhundert*, 1884).

Standards der Baudenkmalpflege, Bundesdenkmalamt: Wien 2015.

Roland Tusch: *Wächterhäuser an der Semmeringbahn: Haus Infrastruktur Landschaft*, Studienverlag: Innsbruck 2014.

Désirée Vasko-Juhász: *Die Südbahn. Ihre Kurorte und ihre Hotels*. Reihe: Semmering Architektur. Band 1, Böhlau: Wien 2018.

Peter Waterhouse: *Der Apfelforst von Kent*, Vortrag gehalten am Neuberg College am 10.8.2019.

Zeitschienen II. Der Südbahnhof in Wien, Bundesdenkmalamt: Wien 2010.

Zug um Zug. 160 Jahre Südbahn Wien – Triest, Holzhausen: Wien 2017.

Wolfgang Thaler

Wien Hotel

Business Center
24 hours

Wien Hotel

Wien Hotel

Wien Hotel

Anna Minta

Kirchenbau (ab)Schwellen

Bemühungen um den Abbau räumlicher und sozialer Grenzen im christlichen Sakralbau der Moderne

Die Geschichte der katholischen Kirche und des christlichen Sakralbaus ist seit Jahrhunderten eine Geschichte des Aufbaus von Schwellen jeglicher Art: Die Kirche und der Kirchenbau seit seinen Anfängen im 4. Jahrhundert vollziehen einen Auf- und Ausbau institutioneller, sozialer, räumlicher, liturgischer und symbolischer Grenzen, die eine Vielzahl von Funktionen übernehmen. Sie zielen auf die Profilierung der eigenen kirchlich-religiösen Identität in Abgrenzung zu anderen. Sie dienen – räumlich oder symbolisch manifestiert – der Scheidung zwischen dem Sakralen und dem Profanen, dem Irdischen und dem Transzendenten. Sie werden zur Hierarchisierung zwischen Klerus und Gemeinde gezogen und in der Ausformung von Liturgie und Ritus als Liminalitätserfahrungen immer wieder nachvollzogen.[1] Die Kirche scheidet den geweihten Raum vom profanen Alltag. Während die Grenzerfahrung zwischen irdischer Lebenswelt und transzendenter Heilserwartung konstitutiv für die christliche Religion ist, sind räumlich-soziale Grenzen historisch bedingt. Mit der Ausbildung des sozial erhöhten Kleriker-Standes wird der Kircheninnenraum zum primären Ort von Schwellenerfahrungen. Exklusive Raumteile wie ein Chor, geweihte Raumelemente wie Altäre und räumliche Zäsuren wie Hochchor, Chorschranken, Lettner etc. markieren Zonen der Zughörigkeit und des Ausschlusses im Raum. Erst mit den liturgischen Reformbestrebungen im frühen 20. Jahrhundert und als Ergebnis des Zweiten Vatikanischen Konzils der römisch-katholischen Kirche (1962–1965), werden Initiativen zum Schwellenabbau im architektonisch-ästhetischen, soziokulturellen und liturgischen Kontext gesetzt und teilweise vollzogen. Ob damit aber tatsächlich Schwellen, räumliche wie symbolische, reduziert wurden und Kirchenbauten konsequenterweise zu einem öffentlichen und offenen Ort geworden sind, bleibt eine kritische Frage. Der Beitrag fokussiert auf architektonische und liturgische Maßnahmen im 20. Jahrhundert, die darauf abzielen, Schwellen und Schwellenängste in und vor katholischen Sakralbauten abzubauen.

„Verheutigung" als Strategie des Schwellenabbaus

Sacrosanctum Concilium (SC), die Konstitution über die heilige Liturgie, wird vom Zweiten Vatikanischen Konzil formuliert und von Papst Paul VI. am 4. Dezember 1963 promulgiert. Ziel sei, so das Vorwort, die „Förderung und Erneuerung der Liturgie" und die „dem Wechsel unterworfenen Einrichtungen den Notwendigkeiten unseres Zeitalters besser anzupassen".[2] *Aggiornamento/* Verheutigung und tätige Teilnahme – die Vorstellung von Kirche als *communio* – sind Schlagworte, die die Bemühungen umschreiben, den christlichen Glauben und die religiöse Praxis in der Gegenwart zu positionieren und für eine breite Teilhabe der Gesellschaft (über die bestehende Gemeinde hinausgehend) zu öffnen. Dazu gehören das Bekenntnis zur Ökumene sowie ein verstärkter Dialog mit Anders- oder Nichtgläubigen. Aus liturgischer Perspektive stehen die Einführung der jeweiligen Landessprache statt Latein im Gottesdienst und die Neuorientierung der Zelebrationsrichtung von der meist im Osten gelegenen Apsis mit Hauptaltar (*versus apsidem*) in Richtung der feiernden Gemeinde (*versus populum*) für eine radikale Neuausrichtung auf die Gemeinschaft. Die Versammlung der Gläubigen um den Altar und darüber die aktive Teilhabe, die durch das Verständnis der liturgischen Texte in der Landessprache begünstigt wird, soll eine gemeinsame, möglichst schwellenlose Feier der Communio ermöglichen und das Gefühl von Zugehörigkeit stärken. Gemeinschaftliche Teilhabe ist als soziale Dimension zu sehen, für die Liturgie bleibt das Thema der Erlösung und Offenbarung des Mysteriums Christi und damit letztendlich die Grenzerfahrung mit dem Außeralltäglichen fundamental.

Gleichermaßen wird im Bereich der religiösen Kunst eine Öffnung gegenüber der Gegenwart und der kulturell-religiösen Ortsspezifität jeder Gemeinde angestrebt: „Auch die Kunst unserer Zeit und aller Völker und Länder soll in der Kirche Freiheit der Ausübung haben, sofern sie nur den Gotteshäusern und den heiligen Riten mit der gebührenden Ehrfurcht und Ehrerbietung dient."[3] Schwellenabbau wird also immer wieder als Auftrag für Gegenwartsbezüge in Kunst und Ritus definiert, mit der man Kirche und Glauben in der Gegenwart und im Alltag zu verankern glaubt.

Betrachtet man die Reformbestrebungen und Experimentierfreudigkeit im Kirchenbau bereits zu Beginn des 20. Jahrhunderts, die sich als Bestandteil einer Raumrevolution infolge gesellschaftlicher Entwicklungen und kirchlicher Debatten verstehen, dann überrascht es, dass der Sakralbau im SC nur eine marginale Rolle spielt. Mit nur einem Satz – „Beim Bau von Kirchen ist sorgfältig darauf zu achten, daß sie für die liturgischen Feiern und für die tätige Teilnahme der Gläubigen geeignet sind"[4] – werden Kirchenbauten zum Gefäß, zur räumlichen Hülle der Verheutigungsbestrebungen bestimmt. Dass sie jedoch auch eine maßgebliche Rolle in der Öffnungspolitik und dem Bestreben einer praktischen wie symbolischen Barrierefreiheit spielen können (und müssen), findet im SC keinen Ausdruck. Unter Theologinnen und Architekten werden Ansätze räumlicher Veränderungen lebhaft diskutiert. Dabei wird allerdings die notwendige Unterscheidung zwischen sozial und räumlich konstruierten Schwellen und der dogmatisch begründeten Liminalitätserfahrung in der transzendenten Gottesbegegnung verunklart.

Reformbestrebungen – die Gegenwart der Moderne

Die architekturtheoretischen Diskussionen um eine angemessene Baukunst, die sich gegen Historismus und Eklektizismus wendet, werden seit Ende des 19. Jahrhunderts für alle Bauaufgaben, so auch den Kirchenbau, geführt. Im christlichen Sakralbau jedoch können sich tradierte Kirchenbauvorstellungen in ihrer stilistischen Gestalt und ihrer Inszenierung des Sakralen meist in Form der Neogotik, aber auch in neoromanischen und neobarocken Programmen, bis zum Zweiten Weltkrieg weitgehend durchsetzen. Der Schweizer Architekt und Bildhauer Walter Förderer, der in den 1960er Jahren mit seinen expressiven, brutalistischen Sichtbeton-Kirchen neue Konzepte erprobt, behauptet 1968, dass dies „im wesentlichen die Schuld der Kunsthistoriker" sei, die mit ihrem formal-ästhetischen Denken längst Überaltertes erfüllt und unproduktiv multipliziert hätten.[5] Aber auch die Auftraggeber und Architektinnen seien, so Förderer, in ihren Vorstellungen und Gestaltungsvermögen gemeinsam von einem „verschwommenen Gefühl für ‚ahnungsvolle', tradierte Sakralität, mittels derer sich ‚die Kirche über [die] profane Umwelt würdig erhebt'", geprägt. Folglich würden weiterhin in alten Konventionen und in Anmaßung einer Hierarchie neue Kirchenbauten ohne ein erneuertes christliches Bewusstsein und ohne ein gesamtgesellschaftliches Verantwortungsgefühl gebaut: „[Ü]ber den alten Institutionalismus ist stets ein neuer hochgemauert worden. Stets mehr Schwellen sind erbaut worden vor institutionalisierten Altären, Tischen und Kanzeln. Stets mehr Schwellen, die von einer hoffnungslosen kleinen Minderheit noch überschritten werden, von einer immer offenkundiger werdenden Mehrheit jedoch ignoriert werden – Schwellen, die das Wort und die Mahlfeier eher verschanzen als dazu einladen."[6]

Ausgehend von dieser Grundsatzkritik der kirchlichen Exklusivität und der fehlenden – schwellenlosen – Verankerung von Kirche und Glauben im Alltag muss man die architektonischen Experimente des frühen 20. Jahrhunderts als ästhetischen Formalismus hinterfragen. So zeigt die von Jules Austruc in Paris zwischen 1899–1902 errichtete Kirche Notre-Dame-du-Travail zwar im Inneren (Abb. 1) innovativ eine filigrane Eisenkonstruktion, diese aber wurde von einer Sandsteinfassade in neoromanischen Formen umfasst, so dass ihre Außenansicht den historischen Gewohnheiten des Sakralbaus entspricht. Einen Schritt weiter gehen August Perret 1922/23 bei seiner Kirche Notre-Dame du Raincy bei Paris und Karl Moser 1925–27 bei der Antoniuskirche in Basel (Abb. 2), indem sie konsequent den Baustoff Beton – im Innen- wie auch im Außenraum – sichtbar verwenden. In der Grundrisskonzeption einer mehrschiffigen, überwölbten Langhauskirche, die auf einen erhöhten Chor ausgerichtet ist, bleiben aber auch hier tradierte Raum- und Liturgievorstellungen erhalten. Die Interpretation des Heiligen, wie sie der Religionswissenschaftler Rudolf Otto darlegt, als das übernatürliche Numinose, das sich der rationalen Erfassung entzieht und im Menschen als *mysterium tremendum* und *mysterium fascinans*, als erschauernde Erfahrung einer überwältigenden Macht empfunden wird, findet sich als Wirkungsästhetik auch in diesen modernen Kirchenräumen wieder.[7] Die Forderungen der Moderne nach Sachlichkeit, Schlichtheit (Ornamentlosigkeit), Rationalismus, Funktionalismus und Abstraktion etc. verbinden sich in monumentalisierender Weise mit dem tradierten Erfahrungsraum einer Kirche. Die architektonischen, symbolischen und liturgischen Schwellen im Raum und in der Gemeinde werden in der Erhabenheit des Sakralraumes verfestigt. Das Sakrale wird zu einem raumatmosphärischen

Abb. 1 Notre-Dame-Du-Travail, Paris, 1899–1902, Jules Austruc

Abb. 2 Antoniuskirche, Basel, 1925–1927, Karl Moser

Kirchenbau (ab)Schwellen

75

Erlebnis.[8] Auch die von Rudolf Schwarz 1930 errichtete Fronleichnam-Kirche in Aachen, die als Inkunabel des modernen Kirchenbaus in den Formen des Neuen Bauens gefeiert wird, bricht nicht mit diesem Inszenierungsschema eines heiligen Raumes. Dabei hatte Schwarz, der mit dem reformorientierten Theologen Romano Guardini eng verbunden war, zuvor beim Umbau des Rittersaals und der Kapelle auf der Burg Rothenfels (Abb. 3) im Jahr 1924 neue gestalterische und liturgische Konzepte erprobt: Beide Räume werden in ihrer ornamentlosen, weißen Fassung zu neutralen Räumen, in denen die schlichten schwarzen Hocker entsprechend gemeinschaftlicher Zusammenkünfte und liturgischer Feiern frei aufgestellt werden können. Der Hocker als Repräsentant des Individuums kann zu einer schwellenlosen Gemeinschaft gruppiert werden, in deren Runde die liturgischen Prinzipalstücke leichter zu integrieren sind. 1938 publiziert Rudolf Schwarz seine Schrift *Vom Bau der Kirche*, in der er sieben Pläne als Grundrissfiguren der christlichen Versammlung darlegt, darunter der *Heilige Ring* als geschlossener Kreis, der *Heilige Aufbruch* als geöffneter Kreis, die *Heilige Fahrt* als Wegekirche und der *Heilige Wurf* als Parabel.[9] Christus sei in der Kirche nur als „Leib" erfahrbar, wenn er in der Wahrhaftigkeit der Gegenwart stehe: „Heiliger Bau kann nur aus heiliger Wirklichkeit kommen."[10] Neue architektonische Formen, vor allem aber seine Grundrissfiguren, sind Mittel und Ordnung einer heiligen Verheutigung der Gegenwart Gottes in der schwellenlosen Gemeinschaft der Gläubigen. Gleichermaßen experimentiert Otto Bartning auf evangelischer Seite räumlich, konstruktiv und (material)ästhetisch mit Kirchenentwürfen wie dem Modell der Sternkirche 1922, um Räume für eine erneuerte Liturgie, bei der die Communio im Zentrum steht, zu entwickeln.[11] Obwohl Bartning und Schwarz damit neue liturgische Raumkonzepte entwickeln, bleibt die Kirche bei Schwarz selbst eine Schwelle. In seiner 1960, kurz vor seinem Tod entstandenen Schrift *Kirchenbau. Welt vor der Schwelle* weist er schon im Titel auf diese Vorstellung von der Kirche als Ort der Transzendenzbegegnung und damit der Grenzerfahrung hin. Der Kirchenbau selbst ist Schwelle, ist Mittler zwischen der „Welt vor der Schwelle" und der „unbetretbaren Gegend hinter der Schwelle".[12] Das Sakrale/Heilige als Schwellenerfahrung bleibt damit konstitutiv im Kirchenbau.

Flexibilität als aktives und aktivierendes Raumkonzept

Andere Versuche, das Sakrale als räumlich-atmosphärische Stimmung aufzubrechen, finden in der Reformstimmung rund um das II. Vatikanische Konzil in den 1960er Jahren statt. Ansatzpunkte der Kritik sind das Monumentale, das konventionelle Repertoire mutmaßlich sakraler Formen und Raumfigurationen sowie das Sakrale als ästhetische Kategorie. „Ungeeignet sind", so der Theologe Herbert Muck 1966 „der romantische Erlebnisraum und eine Gestaltung aus expressivem Pathos, Räume von übertriebener Stimmung und theatralischer Inszenierung."[13] Nicht mehr nur in der Wahl des Materials wird ein Gegenwartsbezug gesucht, sondern über den Übertrag architekturtheoretischer Debatten um das Prozesshafte, Serielle, Flexible und Partizipative werden neue Zugänge zum Kirchenbau als Schaffung eines Ortes inmitten der gesellschaftlichen Realität erprobt.[14]

Abb. 3 Burg Rothenfels, Umbau des Rittersaals durch Rudolf Schwarz
Foto 1930er Jahre

Der österreichische Architekt Ottokar Uhl verfolgte beispielsweise das Konzept eines mobilen Kirchenbaues. Um auf
Dynamiken in der modernen Stadtbevölkerung sowie auf die sich
verändernden Bedürfnisse einer Kirchengemeinde vor Ort reagieren zu können, entwarf er flexible, mehrmals auf- und abbaubare
Raumgitterkonstruktionen. Die Seelsorgestation St. Raphael in
Wien (Abb. 4) errichtete er 1962–64 im Mero-Stahlrohr-Baukasten-
System, die Wiener Katharina-von-Siena-Kirche 1966/67 als Holz-
binderkonstruktion. Uhl beschrieb „Bauen als Prozess", der
programmatisch stehe für eine demokratische Gesellschaft, „deren
Mündigkeit vorhanden und anerkannt und deren Mitbestimmung
gesichert ist".[15] Die Konstruktion der Kirche stehe folglich mate-
riell-konstruktiv nicht nur als Symptom für eine industrialisierte
Gesellschaft, sondern werde in ihrer sichtbaren seriellen und flexiblen Technik zum Sinnbild der demokratisch-partizipativen, sich
stets verändernden Gesellschaft. Uhl behauptete zwar, dass
Kirchen nicht „symbolhaftig" sein müssten, da das Christentum
eine „Kampfansage gegen alle Mythen" gewesen sei, folgte aber
auch einem Ausdruckskonzept, nämlich dem der offenen und
gleichberechtigten Gemeinschaft.[16] Für Uhl war der „partizipatorische Raum" eine ästhetische Kategorie.[17] Auch Architekt Lothar
Kallmeyer sprach sich für „variable Kirchen" aus, verwehrte sich
dabei aber gegen den Vorwurf „assoziationslose[r] Räume":
Form habe immer Charakter, und ein Gebäude mit innerer Varia-
bilität beheimate auch „experimentierfreudige Gruppen der
Gemeinde, die von einem traditionell fixierten Raum zwangsläufig
zur Auswanderung getrieben werden, weil sie sich darin nicht
entfalten können".[18]

Kirchenbau wird in den 1960er Jahren, nach den Erfahrungen der nationalsozialistischen Diktatur, zu einem visionären
Diskurs- und baulichen Experimentierfeld, eine gleichermaßen
symbolische wie funktionale Form zu finden. Dabei wird auch die
Stellung der Kirche in der Stadt(silhouette) kritisch hinterfragt:
„Eine beherrschende Stellung des Kirchengebäudes in der Stadt
ist heute kein erstrebenswertes Bild der Stellung der Kirche in
der Gesellschaft."[19] In der demokratischen Gesellschaft, so Uhl,
demokratisiere sich auch die Kirche, emanzipiere sich die Gemeinde
und werde das Bauen zu einem komplexen Prozess, der die „Notwendigkeit des Abbaus hierarchischer, autoritärer Strukturen und
de[n] Aufbau von Mündigkeit und Mitbestimmung aller erkannt"
habe.[20] Kirche sei nicht das fertige Bauwerk, sondern das gemeinschaftliche Schaffen und Feiern.

Der Theologe und Philosoph Günter Rombold stellte auf
Basis dieser Debatten einen Forderungskatalog *Kirchen für die*

Zukunft bauen auf, dessen Quintessenz es ist, dass Kirche kein Sakralbau mehr sein müsse und sich nicht mehr von profanen Gebäuden unterscheiden solle: in der äußeren Selbstdarstellung sollten Kirchen nicht mehr auf Herrschaft abzielend, sondern einfach und einladend als Volkskirche gegenwartsbezogen und gemeinschaftsbildend orientiert sein.[21] Kirchen sollten so zu einem offenen Ort des Gesprächs und der Begegnung werden.

Abb. 4 Seelsorgestation St. Raphael, Wien, 1962–1964, Ottokar Uhl

Die architektoni-
schen, symbolischen
und liturgischen
Schwellen im
Raum und in der
Gemeinde werden
in der Erhaben-
heit des Sakral-
raumes verfestigt.

Anna Minta

Wider die „Schwellenangst"[22]

Antimonumentalität und Multifunktionalität, Prozesshaftigkeit und Partizipation sind Kategorien, die immer wieder für einen modernen, offenen und möglichst schwellenfreien Reformkirchenbau Ende der 1960er Jahre gefordert werden. Der erwähnte Architekt Walter Förderer propagiert nicht nur einen demokratisierten Kirchenbau, sondern möchte Kirchen zu „Zentren politischer Urbanität" werden lassen: Sie müssen „Orte der Auseinandersetzung sein, also mehr als nur Orte gelenkter Meditation und rezeptiver Andacht [...] Orte der Realität inmitten anderer Realitäten; [...] dort, wo heute ‚allerlei Menschen' ungezwungen oder nach den Verkehrs- und Kulturfahrplänen urbanisierter Gesellschaft zusammenkommen".[23] Etwa zur gleichen Zeit spricht der gesellschaftskritische Architekt Josef Lehmbrock 1966 von der Notwendigkeit, Kirche als „unlösbaren Teil der ganzen Gesellschaft" zu betrachten, die „nicht zu trennen ist vom Wirtschaftsgeschehen und der Tagespolitik, von Versorgungssträngen und Anliegerbeiträgen".[24] Die Kirche, so Lehmbrock weiter, „hat Macht, Mittel und Bodenbesitz genug, um exemplarisch Formen des Zusammenlebens zu zeigen, die wieder der Würde des Menschen gerecht werden". Kirchenbau ist also nicht bloße Architektur- oder Liturgiereform. Mit dem raumsoziologischen Verständnis, dass Architektur soziale Handlungs- und Haltungsräume der Gesellschaft etabliert, wird gerade er in der späten Nachkriegszeit als Chance gesehen, das menschliche Zusammenleben nach demokratischen und humanistischen Prinzipien neu zu gestalten.

Förderer widmet ein ganzes Kapitel dem Thema Schwellenangst. Er bezeichnet es als „Programmierfehler", dass Kirchen sich nur auf ihre pastorale Arbeit innerhalb der Gemeinde konzentrierten: „Schwellenangst! Wer nicht zur Konfession gehört, bleibt draußen. Und die Geistlichkeit findet Genüge daran, ihre Monologe von der Kanzel vor denen zu halten, ‚die dazu gehören' [...]. Daß nur wenig davon über die Kirchenschwelle hinaus wirkt, wird zwar sehr bedauert", habe aber keine durchgreifenden Reformen vorangetrieben. Um Menschen anzusprechen, „für die Konfession eine Schranke bedeutet", reiche es nicht, Gemeindezentren mit Vereinsräumen, Jugendzimmern und Altenstuben einzurichten. Ein Kirchenraum sei bis zur Unkenntlichkeit in alltägliche Räume und Institutionen jenseits konfessioneller Bindung zu gruppieren und auf mehreren Ebenen mit Wohnungsbau zu kombinieren. Über eine solche gebaute urbane Integration könne es gelingen, dass Kirche inklusiver und integrierender Bestandteil des gesellschaftlichen Lebens werde. In seinen Skizzen (Abb. 5) umlagern komplexe Stadt- und Raumstrukturen „würgend eng" ein kirchliches Zentrum. Kirche mit dem Alltag und dem Alltäglichen zu konfrontieren, sei, so Förderer, eine Chance für einen Gottesdienst, der „bewußt im Kontext öffentlich-politischer Meinungsbildung bleibt". Zusammen mit dem Soziologen Lucius Burckhardt hatte Walter Förderer ebenfalls 1968 die Schrift *Bauen ein Prozess* veröffentlicht, in der sie monofunktionale Bauten mit „selektionierenden Wirkungen" wie Kirchen, Schulen, Theater und Museen gleichermaßen ablehnten und „Überlagerungen von Nutzungen, die mehrfache Verwendbarkeit von Gebäuden" forderten. Vielfältige, nicht autoritäre und sakral-repräsentative Räume, gäben Inspiration für kreative Begegnungen, sodass Kirche zu einem Ort aktueller, gegenwarts- und alltagsbezogener Auseinandersetzungen und tätiger Teilhabe vieler – mündiger Diskussionspartner – werden könne.

In vollumfänglicher Radikalität sind solche Projekte nicht ausgeführt worden, auch von Förderer nicht. Kirchen und Räume der Stille finden sich heute an vielen Orten, von Einkaufszentren und Fußballstadien über Krankenhäuser zu Bahnhöfen und Flughäfen. Ihr Anforderungsprofil der Ruhe und Kontemplation machen eine Schwellensituation als Abgrenzung von Stress und Alltag und damit als Möglichkeit einer transzendierenden Liminalitätserfahrung notwendig. Auch wenn die institutionelle, vor allem kirchliche Anbindung bei Räumen religiöser und spiritueller Vielfalt wegfällt, bleiben die gestalterischen Parameter des Sakralen und des Transzendierenden und damit auch die Schwellenerfahrung – wohl zu Recht – häufig erhalten. Für das Ziel der Kirche, inklusiver zu werden, reichen neue Raumkonzepte und städtebauliche Konfigurationen nicht aus, auch wenn aus raumsoziologischer Perspektive dem Raum Gestaltungsmacht über die Gesellschaft zugeschrieben wird. Werden Kirchen in ihren Dogmen und Riten nicht offener, in ihren Strukturen nicht weniger hierarchisch und in ihren Positionen nicht stärker gegenwartsbezogen, bleiben auch Architektur und Raum wirkungslos gegenüber allen etablierten und institutionalisierten Schwellen. Es ist die Ambivalenz, aber nicht ein Widerspruch, dass Kirchen auf der einen Seite insbesondere soziale und räumliche Schwellen abbauen müssen, auf der anderen Seite als Anders-Orte, als Möglichkeitsräume und als Räume der möglichen Begegnung mit dem Außeralltäglichen eben auch einer Schwelle zum Alltag bedürfen.

KATHOLISCHE KIRCHGEMEINDE RHEINACH

Vorschlag für Bebauung in »grüne Wiese«. Keine repräsentative Kirche, sondern ein Platz mit Bauten ringsum, an die sich jede Bebauung anschließen kann, auch ganz nahe.
1) Abgang zur Kirche 2) Kirche 3) Sänger 4) Sakristei 5) Unterricht 6) Büros, Wohnungen 7) Allgemeine Fußgängerebene, Läden 8) Fahrverkehr
A) Hofplatz B) Schul-, Wohn-, Geschäftsbauten
Kommende Bebauung sollte selbst so würgend eng sich um das »kirchliche Zentrum« gruppieren dürfen, ohne daß dieses »verfremdet« – nur noch als Remiszenz erscheinen müßte.

Abb. 5 Katholische Kirchgemeinde Rheinach, Skizze von Walter Förderer, um 1965

1 Vgl. das Konzept der Übergangsriten des Ethnologen Arnold van Gennep, in dem er eine Vielfalt von Liminalitätserfahrungen in verschiedenen Kulturen beschreibt, darunter lebenszyklische Umbrüche, soziale und kulturelle Zustandsveränderungen mit Übergangsriten und auch räumliche Überschreitungen von Grenzen. Arnold van Gennep: *Übergangsriten* (Les rites des passage, 1909), Frankfurt a. Main/New York 2005.

2 *Sacrosanctum Concilium* [SC], *die Konstitution über die heilige Liturgie*, 1963, Vorwort, Abs. 1–3, https://www.vatican.va/archive/hist_councils/ii_vatican_council/documents/vat-ii_const_19631204_sacrosanctum-concilium_ge.html.

3 SC, Kap. 7, Abs. 124.

4 Ebd.

5 Walter M. Förderer: „Zentren politischer Urbanität. Gottesdienst und Kirchenbau in der demokratischen Ära", in: Hans-Eckehard Bahr (Hg.): *Kirchen in nachsakraler Zeit*, Hamburg 1968, 114–131, hier und nachfolgend: 114.

6 Ebd., 118.

7 Rudolf Otto: *Das Heilige: Über das Irrationale in der Idee des Göttlichen und sein Verhältnis zum Rationalen*, Breslau 1917.

8 Christof Werner: „Sakralität – was ist das?", in: Bahr 1968, 64–80: 68/69.

9 Vgl. z. B. Walter Zahner: „Rudolf Schwarz – Leben, Werk und Wirkung", in: Conrad Lienhardt (Hg.): *Rudolf Schwarz (1897–1961). Werk. Theorie. Rezeption*, Regensburg 1997, 10–44. Bereits 1922 publiziert der Theologe Johannes van Acken seine einflussreiche Schrift *Christozentrische Kirchenkunst. Ein Entwurf zum liturgischen Gesamtkunstwerk*, in der er die Beziehung von Altar und Gemeinde zum Kirchenraum diskutiert. Vgl. auch Herbert Muck: *Sakralbau heute*, Aschaffenburg 1961, Kap. Liturgisch geprägte Bauform, 54–56.

10 Rudolf Schwarz: *Vom Bau der Kirche*, Heidelberg ^{2} 1947, 5.

11 Otto Bartning: *Vom neuen Kirchbau*, Berlin 1919. Neuausgabe mit Anmerkungen und Nachworten versehen, hg. v. Peter Schüz, Göttingen 2019.

12 Rudolf Schwarz: *Kirchenbau. Welt vor der Schwelle*, Heidelberg 1960, 252.

13 Herbert Muck: *Lebendiger Gottesdienst. Die Gestaltung des Kirchenraums nach der Liturgiereform*, Regensburg 1966, 9. Vgl. auch Muck 1961.

14 Überblicksartig zum Kirchenbau im 20. Jahrhundert aus dieser Zeit vgl. Hugo Schnell: *Der Kirchenbau des 20. Jahrhunderts in Deutschland*, München 1973; George E. Kidder Smith: *Neuer Kirchenbau in Europa*, Stuttgart 1964.

15 Ottokar Uhl: „,Kirchenbau' als Prozess", in: Günter Rombold: *Kirchen für die Zukunft bauen*, Wien u. a. 1969, 129–148: 133.

16 Ebd.

17 Ottokar Uhl: „Der partizipatorische Raum" (1994), in: Elke Krasny/Claudia Mazanek (Hg.): *Ottokar Uhl. Gegen-Sätze. Architektur als Dialog*, Wien 2003, 21–25. Zu Uhls Kirchenbauten vgl. v. a. Conrad Lienhardt (Hg.): *Ottokar Uhl. Werk. Theorie. Perspektiven*, Regensburg 2000.

18 Lothar Kallmeyer: „Variable Kirchen", in: Rombold 1969, 119–126: 123.

19 Uhl 1969, 133.

20 Ebd., 148.

21 Günter Rombold: „Kirchen für die Zukunft bauen", in: Rombold 1969, 203–217: 206–208.

22 Förderer 1968, 118.

23 So der Titel seines Aufsatzes, ebd., 123–125.

24 Josef Lehmbrock: „Gesellschaft und Kirchenbau – Kirchenbau und Gesellschaft", in: *Das Münster* 19 (1966), Heft 5/6, S. 177–185, hier S. 181.

25 Förderer 1968, hier und nachfolgend 118/119.

26 Lucius Burckhardt/Walter Förderer: *Bauen ein Prozess*, Teufen 1968, 50/51.

27 Ebd., 14.

28 Vgl. beispielsweise Thomas Erne: *Hybride Räume der Transzendenz. Wozu wir heute noch Kirchen brauchen*, Leipzig 2017; ders. et al. (Hg.): *Open Spaces. Räume religiöser und spiritueller Vielfalt*, Kromsdorf/Weimar 2016.

Ivica Brnic

Hieropoetik der Schwelle

In der folgenden Reflexion zur architektonischen Schwelle bei Sakralbauten wird ihre
geistige Bedeutung ihrer technischen Beschaffenheit gegenübergestellt. Die Schwelle
zwischen dem Sakralen und dem Profanen bildet sowohl in der Theologie als auch
beim Sakralbau ein konstituierendes Thema. Dieses wird seit jeher, worauf bereits der
Sinngehalt des Begriffs ‚Tempel' hinweist, der dem griechischen ‚temenos' (τέμενος)
von ‚temno' (schneiden, absondern) entspringt, besonders aber im 20. Jahrhundert
intensiv reflektiert.

Im Kontext der baulichen Umfassung des Sakralraums blieb allerdings eine
relevante Wende von Bedeutung, die sich im 20. Jahrhundert kaum beachtet vollzogen
hat: Die Umstellung führte zur technischen Zerlegung der Wand in jeweils monofunktionale Schichten verschiedener Materialität, zu Gunsten eines besseren Wärmedurchgangskoeffizienten, Kondensationsschutzes und zur Erhöhung der Dichtheit der Bauteile. Damit wurden Voraussetzungen zur einschneidenden klimatischen Abkopplung des
Innen- vom Außenraum geschaffen. Auch alle anderen Bauteile zur Begrenzung des
Innenraums wie Tore, Türen oder Fenster, die die architektonisch artikulierten Schwellen
baulich definieren, samt den jeweiligen Übergängen und Anschlüssen sind von dieser
Differenzierung betroffen.

Die architektonische Schwelle zur Abgrenzung vom sakralem
gegenüber dem profanem Raum hat eine ausgesprochen symbolische Bedeutung. Die Einstimmung der Kontrastwirkung zwischen
den beiden Gebieten erfordert daher eine ausdrücklich bedachte
Gestaltung. Diese kann weich, zum Beispiel als Materialwechsel
im Fußboden, oder als Zaun beziehungsweise intensiver als Wand,
Tor oder sogar als Raumsequenz ausgeführt sein. Ihre Bedeutung,
die nicht bloß durch bauliche Maßnahmen bestimmt sein kann,
korrespondiert wechselseitig mit rituellen, soziologischen und
architektonischen Aspekten und variiert je nach dem Anspruch
spezifische Auffassungen von Transzendenz. Ferner war ihre materielle Beschaffenheit durch die klimatischen Bedingungen, die zur
Verfügung stehenden Baumaterialien und die Tradition definiert.
Die globale Vereinheitlichung von Bauweisen und Innenraumtem-
peratur führt jedoch zum Abbau der überlieferten konstruktiven
und baukulturellen Unterschiede.[1]
Da Sakralbauten jeglicher Kultur, insbesondere in Form von
Zugängen, Portalen und Fenstern, aus symbolischen Gründen
besonders illustrativ artikulierte Schwellen aufweisen, sind für sie
diese sehr aussagekräftig. In spezifischen Fällen besteht der

gesamte sakrale Ort lediglich aus einem Portal (› das japanische Torii). Das Jenseitige wird dabei als eine erweiterte Dimension verstanden. Bei archaischen Bauten bildet oft das Tor den bedeutendsten Teil, dessen Materialität deutlich dauerhafter gebaut ist als der restliche Baukörper (› der bolivianische Kalasasaya-Tempel). Bei ägyptischen Kultbauten ist die Ausformulierung der Schwelle im Verhältnis zum Gebäude besonders beachtlich (› Karnak-Tempel). Die griechischen Tempel werden sogar nach der Schwellenart vom Antentempel, Prostylos bis zum komplexeren Dipteros unterschieden.

Im Kontext der europäischen christlichen Sakralbauten, auf die hier fokussiert wird, gibt es eine Tradition, die sich durch alle Stilepochen zieht und sich durch besonders profilierte Portale, vor allem Stufenportale, auszeichnet. Solche baulichen Gesten verbildlichen vorzugsweise die Immanenz einer jenseitigen Dimension. Hierzu gehört auch die räumliche Begleitung von Vorhöfen und Vorhallen sowie rituelle Handlungen, welche den Tritt über die Schwelle betonen wie Verbeugung, Kreuzzeichen, Votivlichter, das Besprengen mit Weihwasser und so weiter.

War das Verhältnis von Technik und Raumgestaltung im Hinblick auf die typologische Auslegung der christlichen Liturgie wiederholt in konfessionellen Auseinandersetzungen Gegenstand von Diskussionen, so wurden die technischen Aspekte besonders im kleineren Maßstab zumeist vernachlässigt und bisher kaum als symbolisches Repertoire der Theologie wahrgenommen. Die Unsicherheit der modernen und der zeitgenössischen Sakralbauten im Umgang damit ist sicherlich eine der auffälligen ästhetischen Problemstellungen. Das Angebot an bautechnischen Lösungen zur Ausführung der Schwellen entstammt oft der profanen, insbesondere der gewerblichen Architektur, was die Lösungspalette für spezifische Modulationen der Schwellen im sakralen Sinne stark verzerrt.[2]

Bei einem Großteil der historischen Sakralbauten besteht ein expliziter Anspruch der Sakralisierung den Schwellenübertritt durch ein reich entfaltetes Repertoire an Bauplastik, Metallarbeiten, Kunstschmiede, Glaskunst und Fensterdetails zu manifestieren; bei einer niederschwelligeren Differenzierung zwischen dem Profanen und Sakralen in modernen und zeitgenössischen Sakralbauten muss dieser Übergang permanent neu justiert und angepasst werden. Nicht nur die technischen, auch die theologischen Voraussetzungen sind hier oft widersprüchlich, da sie zwischen ritueller und profaner Nutzung stark oszillieren. Oftmals wird eine gedämpfte gotische Atmosphäre ersehnt, stattdessen jedoch eine Mehrzweckhalle in Auftrag gegeben.

Von unübersehbarer Relevanz für das Thema ist die zeitliche Koinzidenz zum einen vom ab den 1960er Jahren angestrebten Abbau von Schwellen bei den christlichen Sakralbauten[3] und zum andern der Intensivierung der technischen Schwelle etwa im thermischen Sinne. Die Gleichzeitigkeit ist keinesfalls zufällig und hat eine tektonische Verschiebung der Kultur und damit auch der Baukultur bewirkt. Übergreifend vollzieht sich generell ein Wandel in den Grundsatzfragen, die das gesamte Kollektiv betreffen, hin zur Betonung der individualisierten, auf Wohlstand ausgerichteten Perspektive. Während ersteres vorwiegend die programmatischen und damit typologischen Fragen in der Architektur betrifft, rücken im zweiteren technologische Fragen in den Vordergrund, die den individuellen Komfort im Fokus haben.[4]

Die beschriebenen Veränderungen sind das Ergebnis eines Zusammenwirkens einer noch der Tradition verpflichteten Gesellschaft, die – nach den traumatischen Erfahrungen des Zweiten Weltkriegs – den Weg zur Emanzipation beschreitet, mit einem ökonomischen Aufschwung.[5] Zugleich werden religiöse Gemeinschaften, beflügelt vom demographischen Aufschwung, stärker durch ihre unmittelbaren dynamischen und sozialen Zusammenhänge definiert als durch eine Verpflichtung, sich an die bauliche Tradition etwa einer betonten Schwellenwirkung zu halten. Einerseits werden dabei soziokulturelle Hemmungen abgebaut, andererseits entstehen neue Einschränkungen aufgrund des raschen Wachstums der Bauwirtschaft und der Energiekrise in den 1970er Jahren, die allmählich zu einem verstärkten Fokus auf den Energieverbrauch führten. Die symbolische Aufladung der schwellenbildenden Bauteile verlagerte sich in diesem Prozess indirekt auch bei Sakralbauten von der Auseinandersetzung mit der Transzendenz zu Fragen der Ökologie.[6]

Die Zusammenführung von kultureller Entwicklung auf zwei voneinander entfernten Polen, Theologie und Technologie, kann zwar nicht erschöpfend dargestellt werden, jedoch drängt sich zwischen dem Sakralen und dem Profanen vor allem in der Baupraxis die Frage der Artikulation der Schwelle nachdrücklich auf. Die Auswirkungen der beschriebenen Gegenüberstellung können sogar auf den ersten Blick im Kontext der Unterscheidung zwischen dem Sakralen und dem Profanen vernachlässigbar scheinen. Sie haben jedoch für die Tektonik, die bislang formal weitgehend auf das scheinbar einfache Fügen der Bauelemente fokussiert war, große Auswirkungen.[7]

Letztendlich wurde die Tektonik der massiven Wand zugunsten von Mehrschichtigkeit gänzlich aufgegeben. Die Bauphysik hat sich sozusagen subkutan auch in die Schwelle zwischen dem Profanen und dem Sakralen hineingedrängt und den Schwerpunkt der architektonischen Setzung von Schwellen verlagert. Diese Veränderung hat wiederum einen wesentlichen Einfluss auf den Umgang mit der Maßstäblichkeit des Details, mit der Tauglichkeit der Bauplastik und besonders mit der Einbettung der Öffnungen. Die bauphysikalischen Eigenschaften der Wand haben die Bautektonik architektonischer Schwellen umstellt.[8]

Die Bauphysik hat sich sozusagen subkutan auch in die Schwelle zwischen dem Profanen und dem Sakralen hineingedrängt und den Schwerpunkt der architektonischen Setzung von Schwellen verlagert.

Als einfache Ausgangslage kann in Hinblick auf den Übergang zwischen dem Außen- und Innenraum die Schwellenproblematik anhand des Elements Wand betrachtet werden. Die Wand gewinnt gegenüber dem menschlichen Sensorium – dem Gesicht und der Haltung – eine ontologische Aufgabe, nämlich die Wechselwirkung zwischen dem Menschen und seiner Umgebung diaphan zu artikulieren.[9] Gemeint ist, dass die bauliche Zweckmäßigkeit der Wand mit ihrer geistigen Sinnhaftigkeit zusammengeführt wird. In weiterer Folge wird die Überwindung der Wand durch Türen und Fenster artikuliert. Die Zerlegung in funktionale Schichten, insbesondere in feuchtigkeitsabweisende und dämmende Schichten mit zumeist aus der Erdölindustrie stammenden Materialien, führt zu einem aufschlussreichen Verständnis der baulichen Schwelle.[10] Bei der klassischen Tektonik geht es um die Gestaltung der Wand an den beiden Wandoberflächen, wobei eine mehr oder weniger ausgeprägte Bauplastik entsteht. Daraus lässt sich ableiten, dass die Materie der Wand zu einem erlebbaren räumlichen Phänomen in Form ihrer Profilierung und räumlichen Wirksamkeit wird. Die zeitgenössische Mehrschichtwand verlagert den Schwerpunkt der Bearbeitung jedoch verstärkt in ihr Inneres.[11] Es ist zwar notwendig, der Wand ein ansprechendes Äußeres zu geben, ihre Funktionalität ist jedoch vom Inneren des Aufbaus bedingt. Die Schwellenwirkung wird in diesem Fall nicht durch eine räumlich erlebbare Bauplastik, sondern durch den Wärmedurchgangskoeffizienten [U] ausgedrückt, welcher die temperierte Komfortzone umgrenzt.

Die Qualität einer architektonisch ausformulierten Schwelle wird, auch wenn dabei ein symbolischer Anspruch beabsichtigt wird, vorerst von ihrer materiellen Substanz definiert. Diese trägt immanent einen spezifischen Ausdruck und symbolischen Charakter. Das ist auf die gesamte Bauwirtschaft bezogen, die Technik kehrt jedoch insbesondere beim Sakralbau, wo der symbolische Aspekt eine höhere Bedeutung hat, in eine theologische Dimension zurück. Das technische Angebot muss dann auch im Hinblick auf den Symbolgehalt reflektiert werden. Die Aussage „der liebe Gott steckt im Detail"[12] übt hier eine dialektische Wende aus.[13]

Durch eine detaillierte Beobachtung eines historischen und eines neueren Kirchentors, als jenem Bauelement, das die Wand im oben genannten Sinne durchdringt, können wir bessere Einsicht für die implizite Bedeutung seiner Schwellenwirkung sowohl in räumlicher als auch in technischer Hinsicht erhalten. Historisch betrachtet wurde die Größe des Tores oft der Dramaturgie des Raumes untergeordnet und in Bezug auf die Fassade festgelegt, was häufig zu überdimensionierten Eingangsgestaltungen führte: Die Rahmung des Tores wird durch eine verstärkte Profilierung betont, das Torblatt selbst weist aufgrund statischer Anforderungen eine gewisse Stärke auf, was ihm eine deutlich wahrnehmbare Schwere verleiht. Im Gegensatz zur künstlerischen Verzierung ist das Öffnen des Tores in der Regel durch einfache Beschläge und Bänder gewährleistet. Das

Torblatt schließt eventuell mit nur einem einzigen Falz und nicht vollständig dicht ab. Das Öffnen des Tores selbst stellt eine dramatische Geste dar, weshalb gelegentlich kleinere Türen im Torblatt eingebaut werden, um eine alltägliche Nutzung zu ermöglichen. Dagegen fällt bei den Toren in einem zeitgenössisch formulierten Sakralbau aus bautechnischen Gründen oft die Alltagsnutzung mit der Verwendung als Haupttor zusammen. Für einen fachgerechten Einbau müssen verschiedene aktuelle Bedingungen wie zum Beispiel klimatische Ansprüche, Brandschutz, Barrierefreiheit und Bauphysik berücksichtigt werden, insbesondere da der Kirchenraum auch als gemeinnütziger Raum fungieren soll. Die Vorgaben ähneln dann einem Kongressraum. Im Gegensatz zur einfachen äußeren Wirkung ist hier der Öffnungsmechanismus komplex, der Falz mehrstufig und mit Dichtungsbändern ausgestattet. Ein von Kunstschlossern gefertigtes Tor könnte beispielsweise diesen Vorgaben oft nicht nachkommen oder entsprechende Garantien gewähren, weshalb eine industrielle Anfertigung naheliegt. Die Dimensionierung solcher Tore fällt somit in die Maßvorgaben der herstellbaren Größen, wobei selbstverständlich auch Sonderanfertigungen theoretisch möglich wären. Jedoch werden im Lauf ihrer konsequenten Entwicklung oft weitere Anforderungen gestellt, die dazu führen können, dass in der Umsetzung doch auf ein Serienprodukt zurückgegriffen wird.

Im historischen wie im heutigen Beispiel fallen auch die Anschlüsse an das Mauerwerk aussagekräftig aus. Im zeitgenössischen Fall ist der Anschluss des Tores an die Wand wesentlich von der Anbindung zur Wärmedämmschicht abhängig, wird also durch den inneren Aufbau der angrenzenden Wände bedingt. Beim historischen Tor hingegen ist die Abstufung der Gliederungselemente bestimmend. Aus der Betrachtung der Eingangstore als räumliche Transzendenz zwischen dem Profanen und dem Sakralen lässt sich beobachten, dass der Aufbau und die Überwindung der Schwelle im historischen Kontext eine Raffung des Materials zur Steigerung des Übertritts darstellen – eine Entfaltung des Verhältnisses zwischen Raum und Materie. Im zeitgenössischen Kontext hingegen handelt es sich um die Differenzierung der ‚Materie‘ in funktionale Beschaffenheiten, wobei sich die immanenten Qualitäten der Materialien zueinander komplementär verhalten und zur komplexen Eigenschaft der Wand addiert werden. Die ‚Techne‘ des tektonischen Aufbaus verhält sich im historischen Kontext zur körperlichen Geste des Durchschreitens, im zeitgenössischen Kontext entzieht sich die Schwellenwirkung der unmittelbaren räumlichen Artikulation, ist aber einschneidender in ihrer Funktionalität. So fungiert Architektur als Medium der Tektonik oder als Interface zur Technologie.[14]

Neben dem physischen Übertritt vom Außenraum in den Innenraum beabsichtigt ein Sakralbau im Wesentlichen auch eine Art Verräumlichung von Transzendenz.[15] Der christliche Sakralbau ist sowohl für Mitglieder der Gemeinschaft der Gläubigen als auch zumeist für eine größere Öffentlichkeit zugänglich, was nach einer zweifachen Schwellenwirkung verlangt. Die erste Schwelle ist der physische Zutritt zum Innenraum des Gebäudes, wie oben beschrieben, während die zweite Schwelle die ersehnte transzendente Wirkung des Kirchenraums selbst im liturgischen Geschehen betrifft. Das gesamte Kirchengebäude kann daher als ein Schwellenraum interpretiert werden, der sich im liturgischen Geschehen realisiert. In das Transzendente selbst kann durch bloße architektonische Setzungen ohnehin nicht eingedrungen werden.[16]

Die Verlagerung der Schwellenwirkung von der baulichen Umrandung (dem *Temenos*) hin zum Raum als Medium eröffnet jedoch eine weitere Reflexionsebene, die sich auf die Abgrenzung zwischen dem Sakralen und dem Profanen auswirkt. Wie bereits erwähnt, kann die Schwelle – auch aufgrund technologischer Entwicklungen – latent werden, doch eine persönliche Hinwendung zum sakralen Raum kommt umso stärker zur differenzierenden Geltung. Insbesondere wird die bloß unbefangene Raumwahrnehmung (Tourist) der Devotion zum Sakrament (Gläubiger) gegenübergestellt. Vorübergehend wird daraus ein offener Raum geschaffen. Daraus resultiert jedoch eine Verlegenheit der Involvierten mit dem neu gewonnenen Geltungsbedarf. Die Schwelle wird sozusagen von Neuem ausgehandelt,[17] man wird sie aber keinesfalls los.

Durch die synchrone Betrachtung der Schwellenwirkung im technischen Sinne, der Trennung zwischen dem Außen- und dem temperierten Innenraum, sowie der symbolischen Überformung der Schwelle als Ausdruck der Transzendenz wird die Problematik unserer Kultur offenbar. Es wird deutlich, dass der kulturelle Überbau der Auseinandersetzung mit dem Leben auf die technische Ebene übertragen wird, die sich fernab von [be]greifbarer Gegenständlichkeit bewegt. Die scheinbare Auflösung der gebauten Schwelle – besonders jener zum Sakralen – veranschaulicht die Überflutung des betriebsamen Alltags auf allen räumlichen und zeitlichen Ebenen des Lebens. Wohnen, Arbeiten, Bildung und Andacht verschmelzen zu einem kaum mehr gegliederten Kontinuum. Auf der anderen Ebene verstärkt sich die latente Schwelle, erzeugt durch nur wenigen verständliche Technologie, die wie bei einem archaischen Allerheiligsten in einer informatischen Cella verborgen bleibt.

Die Technologie, wenn sie in architektonischen Details, wie hier dargestellt, zur materiellen Erscheinung kommt, erfordert ein teleologisches, vielleicht gar theologisches Verständnis. Es ist natürlich klar, dass die „hieropoetische"[18] Beschaffenheit der Schwelle nicht technisch gelöst werden kann. Dennoch ist in der Architektur unabdingbar, den technischen Ansatz noch ‚denkbar' zu halten. Die Technik der Schwelle bewältigt den Transfer geistiger Errungenschaften in greifbare Sachverhalte. Sie fungiert als vermittelnde Sprache für den Umgang mit der Welt, wie am Beispiel der Wand geschildert. Dies war zwar schon immer Gegenstand der Sakralbauten, doch scheint eine Wasserglätte zwischen Theologie und Technik eingetreten zu sein, was in der Architektur ästhetisch insbesondere bei einem unzulänglichen Umgang mit der Technik auffallend wird. Aufgrund der Herstellungsprozesse und der vordergründigen funktionalen Anforderungen werden viele Bauteile oft isoliert betrachtet und sind nur schwer im Ganzen anschaubar. Das Detail stellt hier die Anthropologie der Tektonik auf die Probe. Während ein Stufenportal noch eine räumliche Ausdehnung und damit eine erfahrbare Dimension sucht, entzieht sich bereits bei einer einfachen zeitgenössischen Tür ihre technische Ausstattung der unmittelbaren Erfahrung. Die Kunst der Schwelle liegt jedoch in der Osmose zwischen körperlicher Haltung und geistiger Weitung. Sie wird physisch betreten und mit dem Geist vollendet. Sakralbau stellt einen Ort der Transzendenz auch im wörtlichen Sinne dar.

1 Ein einschlägiges Beispiel stellt die Marginalisierung der Dünnwendigkeit in der traditionellen japanischen Architektur dar.

2 Bei historischen Bauwerken waren solche Schwellen nicht zwangsläufig bewusst gestaltet wie bei zeitgenössischen. Die unmittelbare Einarbeitung des entsprechenden Bauteils hat jedoch die grundlegenden Absichten direkter übertragen.

3 Ein aufschlussreiches Beispiel hierfür sind die Dekrete der „Instauratio" des II. Vatikanischen Konzils bezüglich der römisch-katholischen Kirche, der damals größten Konfessionsgemeinschaft.

4 Wenn der Wohnungsbau als Beispiel genommen wird, handelt es sich bei ersterem um die städtebauliche Bewältigung der Wohnbausiedlungen, und bei zweiterem um die Differenzierung von Wohnqualität. Was in der Moderne der ersten Hälfte des 20. Jahrhunderts als neue Bautypologie errungen wurde, wurde erst in der zweiten Hälfte bautechnisch bewältigt. Dieser Prozess der technischen Nachrüstung tritt unter Umständen

nicht unmittelbar an der Oberfläche in Erscheinung, wirkt sich aber in der Substanz aus und stellt die tektonischen Konflikte offen.

5 Vgl. Anthony Giddens: *Konsequenzen der Moderne*, übers. von Joachim Schulte, Suhrkamp, Frankfurt a. M. 1996.

6 Die in der Bautätigkeit stattfindende Wende ist auch theologisch nachvollziehbar. Man kann sie beispielsweise in den Themen der päpstlichen Enzykliken zwischen „Humanae vitae" (25. Juli 1968) und „Laudato si'" (24. Mai 2015) erkennen.

7 Vgl. Kenneth Frampton: *Studies in Tectonic Culture: The Poetics of Construction in Nineteenth and Twentieth Century Architecture*, Reprint, MIT, Cambridge, Mass. 2001, 16–24.

8 Vgl. Edward R. Ford: *The Details of Modern Architecture*, MIT, Cambridge, Mass. 1990, 352.

9 Vgl. Vilém Flusser: *Vom Subjekt zum Projekt: Menschwerdung*, Bollmann, Bensheim und Düsseldorf 1994, 63–64.

10 Vgl. Ákos Moravánszky: *Metamorphism: Material Change in Architecture*, Birkhäuser, Boston 2017, 268–270.

11 Vgl. Eva Geering und Andrea Deplazes: „Der ‚unsichtbare' Baustoff", in: *Architektur konstruieren: Vom Rohmaterial zum Bauwerk*, hg.v. Andrea Deplazes, Birkhäuser, Basel/Boston/Berlin 2005, 141–144.

12 Aby Warburg in seinem Seminar über die italienische Kunst, 1925

13 Vgl. Wolfgang Schäffner, Sigrid Weigel, Thomas Macho, *Der liebe Gott steckt im Detail: Mikrostrukturen des Wissens*, Wilhelm Fink, München 2003, 7–17.

14 Das gilt wohl auch für viele andere Bauelemente, die technologisch einer Unmittelbarkeit entfremdet wurden, wie z. B. elektrifizierte Türen, nicht öffenbare Fenster oder Sonnenschutzgläser. Dabei ist die technologisch einschneidende Schwellenwertigkeit nicht wahrnehmbar.

15 Transzendenz im Kontext der architektonischen Raums wird etwas ausführlicher beschrieben in: Ivica Brnić: *Nahe Ferne: Sakrale Aspekte im Prisma der Profanbauten von Tadao Ando, Louis I. Kahn und Peter Zumthor*, Park Books, Zürich 2019, 31–33.

16 Vgl. Rudolf Schwarz: *Vom Bau der Kirche* [1938], Neuauflage Pustet, Salzburg 1998, 68: „Alles was diesseits, im weltlichen Raum liegt, kann der Maler malen, der Baumeister bauen. Noch die Schwelle können sie planen, und das Fenster zum Jenseits, doch dann ist ihre Kunst zu Ende. In die andere Welt kommen sie nicht."

17 Symptomatisch ist beispielsweise die Verlagerung der Abgrenzung in Form eines Lettners, der sich zwischen dem Presbyterium und dem Langhaus befand, zum Kirchengitter im Nartex, welches historisch abgebaut wurde. Ebenso bemerkenswert ist die Absenkung, jedoch gleichzeitige Überkonzeptualisierung des zeitgenössischen Altars.

18 „Hieropoetik" ist ein Neologismus, der in diesem Artikel verwendet wird, um den Moment zu beschreiben, in dem ein Raum durch bauliche Maßnahmen sakralisiert wird. Das Wort leitet sich aus dem Griechischen ab und setzt sich aus den Wurzeln ‚hieros' (heilig) und ‚poiein' (schaffen) zusammen.

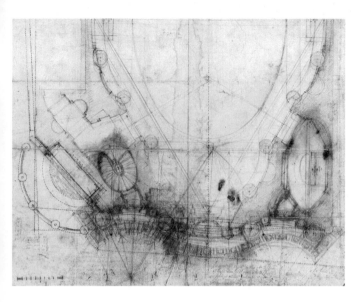

Abb. 1 San Carlo alle Quattro Fontane, Rom, 1638–46, Francesco Borromini

Borromini widmet dem Portal etliche Zeichnungen, die jedoch alle die liminale Lage
vom Eingang durch häufiges Drüberzeichnen fast schon beim Entwerfen betonen.

Abb. 2 Eingang von der Servitenkirche Mariä Verkündigung, Wien, 1651–70, Carlo Martino Carlone

Hieropoetik der Schwelle

Abb. 3 Kirche Oberbaumgarten Zu den vier heiligen Evangelisten, Wien,
1963–65, Johann Georg Gsteu

Abb. 4 Servitenkirche Mariä Verkündigung, Wien,
1651–70, Carlo Martino Carlone

Die typisch klassische Bauplastik ragt aus der Wand
hervor und empfängt den Besucher. Die Wand ist stark
überdimensioniert, sodass die konstruktiven Verhältnisse in den Hintergrund treten.

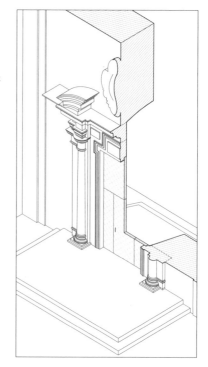

Ivica Brnic

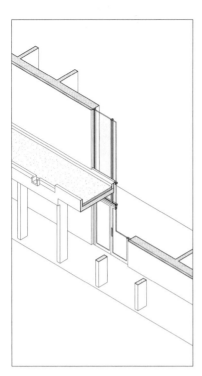

Abb. 5 Kirche Oberbaumgarten Zu den vier heiligen
Evangelisten, Wien, 1963–65, Johann Georg Gsteu

Die Betonwand ist wärmedämmend und weist eine
geringe plastische Gliederung auf. Es handelt sich um
handelsübliche Aluminiumtüren mit Doppelverglasung.
Durch den vorgelagerten, jedoch vom Gebäude abge-
koppelten Portikus wird die Unmittelbarkeit teilweise
kompensiert. Es ist erwähnenswert, dass die Kirche
nachträglich wärmegedämmt wurde und dabei auch die
Fenster und Türen ausgetauscht wurden.

Abb. 6 Stufenportal Südportal, Stephansdom, Wien

Hieropoetik der Schwelle

95

Hermann Czech

Diverse Überformungen von und durch Wiener Bauten Johann Bernhard Fischers von Erlach

KARLSKIRCHE

Ihre Formelemente rufen römische, islamische, ja chinesische Assoziationen hervor. Der Teich davor jedoch stammt aus den 1970er Jahren. Barocke säkulare Gebäude mit spiegelnden Wasserflächen gibt es (hier Hildebrandts Oberes Belvedere) – aber niemals eine Kirche! – Wenn oben darüber der Himmel ist, was ist dann unten darunter?

Innerhalb der Festung zieht sich von Nordwesten schräg nach Süden der – ursprünglich römische – Straßenzug Herrengasse/Michaelerplatz/Augustinerstraße. Die – nach einem Gelöbnis zur Abwendung einer Pest von Karl VI. errichtete – Kirche stand über die Festungsmauer und den Wienfluss sichtbar im weiten Blickpunkt dieses Straßenzugs (jeweils an der unteren Plankante); deshalb steht sie ebenfalls schräg, dieser Sichtachse zugewendet.

Trotz der meist größeren Volumen historistischer Bauten des 19. Jahrhunderts sind diese nur in viel kleineren Sichtdistanzen gedacht, so dass die Ringstraße gleich mit dem ersten monumentalen Mittelgebäude einer ihrer Polygonseiten – nämlich mit der Oper – den Fernblick zur Karlskirche schlicht verstellt.

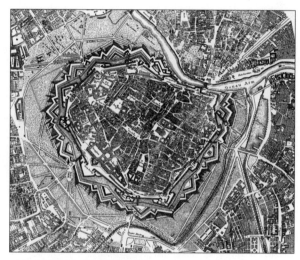

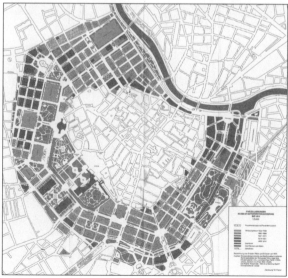

DIE HOFBURGFRONT ZUM MICHAELERPLATZ

Die barocke Vision eines stadtseitigen Haupttors der Hofburg am kreisförmig geplanten Michaelerplatz, in ihrer Projektierung durch Josef Emanuel Fischer von Erlach, blieb eineinhalb Jahrhunderte ein grotesker Torso; nach Fertigstellung der linken Flanke mit der Reitschule war das davor befindliche Ballhaus durch ein Theater (das spätere „Burgtheater") ersetzt worden. Dieser kleine Plan vertagte die Ausführung des großen, der den Michaelerplatz zum wichtigsten Platz Wiens gemacht hätte – damals noch mit dem Blick bis zur Karlskirche!

Erst Ende des 19. Jahrhunderts, im Zuge der Errichtung der Ringstraße, kommt es zur Vollendung des Platzes, dessen Fassadengliederung Adolf Loos, schon im 20. Jahrhundert, in einen anderen Zusammenhang übernimmt.[1]

Eine barocke Kopie der Fischer'schen Hofburg-Front war somit älter als das Original: Der durch Stiche bekannte geschwungene Fassadenentwurf wurde geradezu plagiiert und einem Bibliotheksgebäude appliziert, allerdings ohne räumliche Kompetenz, an einem der rechteckigsten Plätze Berlins.

PRUNKSAAL DER NATIONALBIBLIOTHEK

Ursprünglich ein freistehendes Solitärgebäude, wurde die Bibliothek erst später – von Nikolaus Pacassi – in den kontinuierlichen Umbauprozess der Hofburg eingebunden und bildet mit zwei ungleich langen Seitenflügeln einen ihrer Plätze, dessen gewaltige Schräge niemand beim Durchschreiten bemerkt.

Das Innere bietet einen Raum von fast 80 Meter Länge, den man auch nur in der Längsrichtung betreten kann. Im Augenblick des Betretens beginnt aber eine Abfolge der Raumwahrnehmung, deren Abwechslung und zugleich Regelhaftigkeit nicht überbietbar ist.

Die Raumgestalt besteht aus zwei längsgerichteten Tonnengewölben und einem querliegenden Ovalraum mit höherer Kuppel dazwischen. Zwei quer eingefügte Säulenstellungen mit Schildwänden darüber bilden ebenfalls drei Abschnitte in Längsrichtung. Aber diese Dreiteilungen sind nicht kongruent: Die Säulenstellungen befinden sich nicht an den Kanten des Ovalraums, sondern weit außerhalb; das einmal gesehen haben heißt die erwartbare Lösung – mit den Säulen das Kuppeloval nachzuzeichnen – geradezu plump finden.

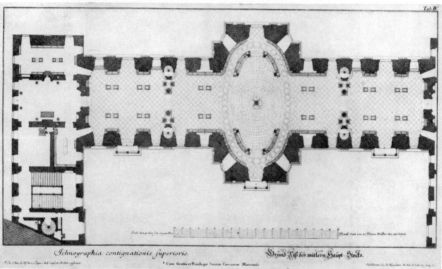

Diverse Überformungen – Johann Bernhard Fischer von Erlach

Wer im Raum weitergeht, passiert die erste Säulenstellung und findet sich erst *danach* im Kuppelraum – die Säulen sind dann aber schon weit hinten, bilden einen verkürzten Längsraum, der nunmehr nicht „ausrinnt", während er vorher in der Gliederung die ganze Distanz erleben ließ.

Danach dasselbe nun rückläufig, im Sinne eines musikalischen Krebses: durch die zweite Säulenstellung aus der vergrößerten Kuppelzone heraus in den Längsraum, der rückblickend wieder die volle Distanz darbietet. Und im Regelfall derselbe Gesamtweg zurück in der Gegenrichtung. Die Buchregale mit ihren Geschoßgalerien, die Vitrinen und Globusse modifizieren den Ablauf noch detailreicher.

Der fließende Übergang zwischen Kuppel und Tonnen ist durch Entlastungsbögen unterbrochen, die in den 1760er Jahren nach schweren Setzungsschäden nötig wurden.

Das Standbild Karls VI. steht auf hohem Sockel in der exakten Mitte des Kuppelovals; Camillo Sittes Forderung des „Freihaltens der Mitte"[2] – für die Betrachtung – entspricht die barocke Geometrie nicht.

Diverse Überformungen – Johann Bernhard Fischer von Erlach

DAS WINTERPALAIS PRINZ EUGENS

Johann Bernhard Fischer von Erlach errichtete die erste Version des Stadtpalasts auf einem schmalen Grundstück. Seitlich einer mittigen Einfahrt blieb wenig Platz für ein repräsentatives Stiegenhaus, was zu der überraschenden zweiarmigen Höhenentwicklung führte.

Schon von Anfang an waren offenbar Erweiterungen vorgesehen; Fischer selbst publizierte deren Konzept noch, als die erste an der linken Seite (östlich) bereits durch Lucas von Hildebrandt im Bau war. (Auch den repräsentativen Gartenschloss-Komplex Belvedere übertrug Prinz Eugen diesem Architekten.) Die erweiterte Fassade war mit zwölf Achsen statt vorher sieben und nunmehr zwei Portalen wieder symmetrisch.

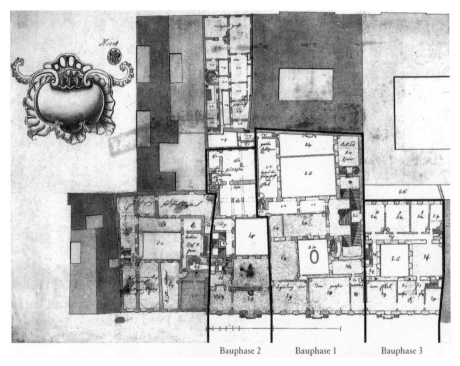

Bauphase 2   Bauphase 1   Bauphase 3

Hermann Czech

Schließlich folgte Hildebrandt ein zweites Mal der genialen Symmetrie-Arithmetik der 5-Achsen-Erweiterung: Rechts (westlich) mussten die 1 + 3 Nebenachsen mit der Portalachse dazwischen aber eine gut drei Meter breitere Front abdecken, fast eine Achsenbreite zuviel! Hildebrandt half sich mit Schwindel: Seine Nebenachsen sind hier fast so breit wie die Portalachse; die nun eingeführte horizontale Nutung auch der Lisenen, nicht nur der – hier viel größeren – Nullflächen, verschleiert diese Unregelmäßigkeit. Wir haben ein ebenmäßiges, verschränkt symmetrisches Gebäude mit drei Portalen vor uns. Geistreich modifizierte Hildebrandt ein vorhandenes Konzept, um es weiterführen zu können.

DAS PALAIS SCHWARZENBERG

Lucas von Hildebrandt begann diesen Bau 1697 – nach dem Ende der Türkengefahr – am Rande des freien Festungsvorfelds. (Für seinen späteren größeren Palast für Prinz Eugen blieb dann keine Glacis-Front mehr übrig, so dass er diesen – das Obere Belvedere – hinten auf den Hügel setzen musste.) Nur wenige Jahre später wurde die Baustelle verkauft. In diesem Fall wechselte die neue Bauherrschaft Schwarzenberg von Hildebrandt zu Fischer, was dem Bau nicht gutgetan hat.

Hildebrandt hatte für den mittigen Kuppelsaal eine dreigeschoßige Fensteranordnung vorgesehen, die der Gliederung der übrigen Fassaden entsprach.

Fischer hingegen fasste die oberen zwei Fensterreihen der gartenseitig (südlich) rund vorragenden Kuppelsaalfront zu drei hochformatigen Obergeschoßfenstern zusammen. Da er außerdem auf der Stadtseite eine hohe Vorhalle mit überragender Attika errichten wollte, legte er auch im Norden entsprechend hohe Fensternischen an, ließ sie aber im Inneren verspiegeln; der Kuppelsaal erhält banalerweise von Norden kein Tageslicht.

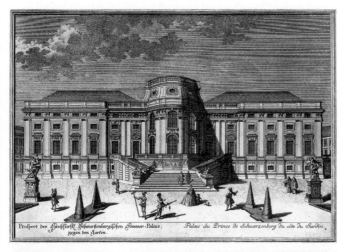

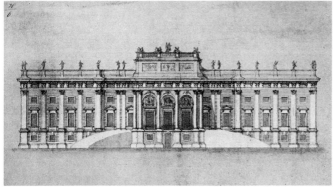

Nun wurde Fischers hohe Vorhalle mit Attika gar nicht ausgeführt, so dass Hildebrandts Betonung der Frontmitte durch Zurücknahme bestehen bleibt. Über Hildebrandts niedrigerer Vorhalle hätte aber seine oberste Fensterreihe den Kuppelsaal auch von Norden belichtet. Durch Fischers Intervention entstand zwar eine großzügigere Gartenfront, die sich auch auf Canalettos Wien-Ansicht bemerkbar macht, aber Hildebrandts differenziertes Belichtungskonzept des Kuppelsaals ist ruiniert.

Bei meiner Neuinstallation von Gastronomiebereich und Bankettküche von 1982–84 im Souterrain – inzwischen weitgehend zerstört – ging es nach Friedrich Achleitner nicht um „eine ‚Stileinheitlichkeit' [...], was eine Verdrängung von Geschichte durch eine erfundene Geschichtlichkeit wäre, sondern Geschichte ist präsent, auch im Banalen und Alltäglichen, indem auf jede Spur der Geschichte reagiert wird, ohne auch nur einen Augenblick den heutigen Bewußtseinsstand zu verlassen".[3] Friedrich Kurrent konzedierte Glaubwürdigkeit: „Man kommt aus dem Staunen nicht heraus. Fortwährend werden einem die Argumente aus der Hand geschlagen", blieb aber reserviert: „Manchmal habe ich das Gefühl, als ob Czech im Begriffe wäre, Loos *und* Frank *und* Venturi *und* Hollein links überholen zu wollen. Ob das nur gut ausgeht? Ob das nicht doch noch einen Frontalzusammenstoß gibt? ... Mit der guten alten Architektur. Hoffen wir das Beste."[4]

DIE HOFSTALLUNGEN

Die Mitte der breiten Front liegt bereits in der später durch das Burgtor, die Hofburg und die Museen etablierten Achse, die ja schon im Konzept des Michaelertrakts durch die beiden Fischer angelegt war. Aber die Front selbst liegt nicht senkrecht zu dieser Achse, sondern wendet sich allenfalls dem mittelalterlichen Kern der Hofburg, dem Schweizertrakt, zu.

Kunsthistoriker haben den von Johann Bernhard Fischer dargestellten stadtmaßstäblichen Entwurf dieser Ostfassade verschieden beurteilt: Albert Ilg nennt sie „ein schwaches Werk",[5] nach George Kunoth ist sie „durch wechselnde Gesims-, Fenster- und Dachhöhen mehr zerstückelt als belebt".[6] Franz Matsche rühmt dagegen eben diese Heterogenität als „die Idee des Gebäudes als Stadt, der Palaststadt", in der „verschieden hohe und breite Gebäude, die wie in einem Straßenprospekt mit Häusern von verschieden hohem Rang aneinandergereiht sind, die Vorstellung eines vielfältigen und differenzierten Gemeinwesens suggerieren [...]. Der Vergleich eines Palastes mit einer Stadt ist ein wichtiges Kriterium, ja das höchste Lob, das die Renaissance nach dem Vorbild der Antike [...] zu spenden wusste. Diese Idee war Fischer bekannt."[7]

Die Planänderungen Joseph Emanuel Fischers, der den Bau des Vaters weiterführte, bringen eben diese Divergenzen in „Ordnung". Beim ursprünglichen Plan des älteren Fischer entfaltet sich jeder der drei Fassadenabschnitte in mehreren Blöcken, „doch sind die beiden seitlichen unvollkommen – ihre ‚inneren' Flügel sind sozusagen von dem Palast aufgezehrt – und dadurch ist ihre Unterordnung unter diesen [...] mit Entschiedenheit ausgedrückt" (Hans Sedlmayr[8]). In der Änderung des jüngeren Fischer werden die jeweils zweiten Flügelbauten neben dem Mitteltrakt durch eine breite Mittelachse und einen Giebel den Eckpavillons angeglichen. Nach Thomas Zacharias „entstehen rechts und links zwei in sich symmetrische Flügeleinheiten" und „erhält die ganze Front einen anderen Zusammenhang. Die zunehmende Steigerung nach der Mitte und die Verzahnung der einzelnen Glieder ist einer Zerlegung in drei selbständige, in sich beruhende Teilstücke gewichen, die sich zu einer gemeinsamen Baugruppe aneinanderfügen."[9]

Der Sohn „begradigte" also einerseits das gegliederte städtische Chaos des Vaters zu einem ordentlichen Palast, andererseits löste er die Hierarchie in Richtung größerer Selbständigkeit von Teilen auf.

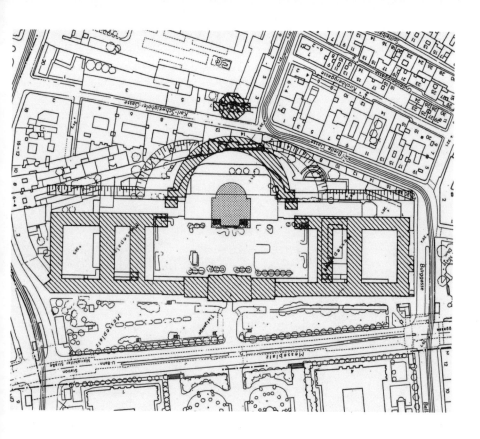

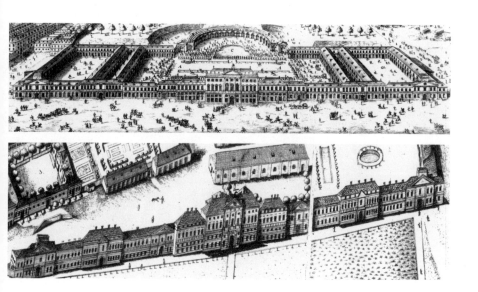

Diverse Überformungen – Johann Bernhard Fischer von Erlach 111

Die Hofburgachse wurde nicht nur im Zuge der Hofburg- und Museumsplanungen von Gottfried Semper und Otto Wagner übernommen (die die Hofstallungen beseitigen oder zumindest ihre Verschwenkung durch Vorbauten korrigieren wollten), sondern (ab 1943) auch vom Flakturm in der Stiftskaserne weitergeführt, der deshalb nicht mittig in deren Hof steht. (Schon in der Schule Otto Wagners gab es an dieser Stelle ein Dom-Projekt mit Kuppel.[10])

Unter den Nachkriegsüberlegungen zu den sechs großen Flaktürmen ist die städtebauliche Projektskizze (1958–64) von Friedrich Kurrent und Johannes Spalt hervorzuheben, die – analog der Ringstraße – die militärische Lagegeometrie der drei Turmpaare (Friedrich Tamms) in eine stadträumliche umdeutet und sie als sinnvolle Hochhausstandorte definiert. Der Turm in der Hofburgachse hätte einen Hubschrauber-Landeplatz aufnehmen sollen.[11]

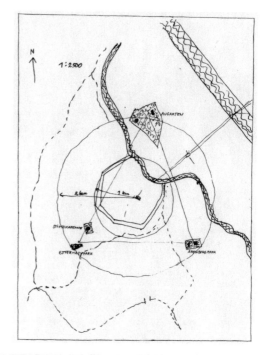

Schon der ältere Fischer hatte auf dem seichten Grundstück der Hofstallungen eine Tiefenachse simulieren wollen: einen Hof mit Wasserbecken, beides hinten halbkreisförmig abgeschlossen. Dieses nicht vollendete Konzept wurde 130 Jahre später durch die Errichtung einer – freilich damals erforderlichen – Winterreithalle vernichtet, von der diese innere Achse kulissenartig verstellt wird. Vor der zweiten Phase des Wettbewerbs für das heutige „Museumsquartier" legte sich 1988 das Bundesdenkmalamt auf die Erhaltung dieser Reithalle fest, als ob sie Teil des Konzepts wäre. Zudem wurde ihr Inneres mit dem Einbau einer Zuschauertribüne verstellt: Man sieht die Reithalle von außen, geht hinein und sie ist verschwunden. Für dieses Zauberkunststück hat man sie erhalten müssen?

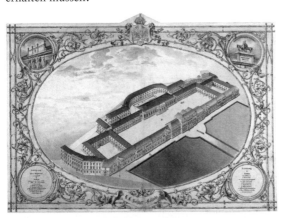

Die Werke Johann Bernhard Fischers von Erlach in Wien werden also manchmal massiv gestört, manchmal umgedeutet – selbst von seinem Sohn, manchmal kongenial fortgeführt, plagiiert oder am Ort in neuem Zusammenhang zitiert. Dennoch sind sie konstitutive Elemente der Stadtgestalt, in einem Fall aber auch ein Fehlschlag. – Einzelne Korrekturen und Hinweise verdanke ich Andreas Nierhaus.

1 Auf diese perspektivische Fassaden-Analogie hat als erster Friedrich Kurrent in einem Lichtbildervortrag hingewiesen, vermutlich am 15. Februar 1966 im Österreichischen Architekten- und Ingenieurverein.

2 Camillo Sitte: *Der Städtebau nach seinen künstlerischen Grundsätzen*, Reprint der 4. Auflage von 1909, Basel/Boston/Berlin 2002, 24–37.

3 Friedrich Achleitner: *Österreichische Architektur im 20. Jahrhundert, Bd. III/1 Wien 1.–12. Bezirk*, Salzburg/Wien 1990, 141f.

4 Friedrich Kurrent: „Frank und frei", in: *UM BAU*, Wien, Heft 10, 1986, 85–93: 92. Wiederabdruck in: ders.: *Texte zur Architektur*, Salzburg/München 2006, 132–138: 137.

5 Albert Ilg: *Die Fischer von Erlach*, Wien 1895, 761.

6 George Kunoth: *Die historische Architektur Fischers von Erlach*, Düsseldorf 1956, 149.

7 Franz Matsche: *Die Kunst im Dienst der Staatsidee Kaiser Karls VI.*, Berlin/New York 1981, 1. Halbband, 309.

8 Hans Sedlmayr: *Johann Bernhard Fischer von Erlach*, Wien 1976, 188.

9 Thomas Zacharias: *Joseph Emanuel Fischer von Erlach*, Wien 1960, 77.

10 Marco Pozzetto: *Die Schule Otto Wagners 1894–1912*, Wien/München 1980, Abb. 134 f.

11 Sonja Pisarik/Ute Waditschatka: *arbeitsgruppe 4. Wilhelm Holzbauer, Friedrich Kurrent, Johannes Spalt 1950–1970*, Wien 2010, 72f.

Substanz

Arthur Rüegg

Fragile Moderne

Notizen zu Substanz, Erhalt und Rekonstruktion architektonischen Erbes

Der Umgang mit Altlasten ist schwierig, und es sind nicht nur die Schadstoffe, die zunehmend Sorge bereiten, es sind auch die Altlasten der Baugeschichte. Die klassische Moderne hat in dieser Frage eine klare Haltung eingenommen: Sie war für eine radikale Entsorgung. Für sie war die Tabula rasa gleichzeitig Symbol und reale Voraussetzung einer kulturellen Revolution *ab origine*. Inzwischen hat sich die Situation gründlich verändert. Heute ist es für die institutionalisierte Denkmalpflege selbstverständlich, nicht nur die äußere Form, sondern auch die Materialität historischer Bauten von Amts wegen zu verteidigen, und das gilt seit einiger Zeit auch für die Werke der klassischen Moderne selbst. Die formale Reduktion, die Kompaktheit und die scheinbare Anspruchslosigkeit machen ja die besondere Qualität dieser Bauten aus, sodass die kleinste Veränderung ihren fragilen Charakter verfälschen kann. Friedrich Achleitner erkannte das diesbezügliche Paradox schon 1985: „[...] die Anstrengungen, die gemacht wurden, um die Architektur aus den Fesseln der Geschichte zu befreien, sie in einem breiteren Rahmen einer Lebenserfahrung zu bestimmen, sind heute selbst Geschichte. Die Bauten, die entworfen wurden, um für alle Zeiten das Monumentale auszulöschen, wurden selbst zum Monument."[1] Mittlerweile hat sich der Fokus der Denkmalschützer längst auf die Nachkriegsarchitektur verschoben und neuerdings auch auf die Postmoderne erweitert[2] – immer in der Hoffnung, dem Verschwinden der wichtigsten baulichen Zeugen zuvorkommen zu können.

Am konkreten Objekt schwelt der Konflikt zwischen Theorie und Praxis jedoch weiter. Achleitner bestätigt auch diesen Befund: „Die Kriterien [...] der ständigen Verbesserung der Form durch ihre Leistung geraten in Konflikt mit dem bewahrenden Geist der Denkmalpflege, der Erhaltung des Originals."[3] In der Tat: Wenn es zu einer Erneuerung formell geschützter Bausubstanz kommt, artikulieren die Nutzer ihre Ansprüche ebenso imperativ wie die Technokraten in der Verwaltung. Umgekehrt ist für die Gegenspieler – wie Georg Mörsch, den langjährigen Professor für Denkmalpflege an der ETH Zürich – an historischen Zeugen nichts *nicht* erhaltenswert. Das Besondere an den Denkmalen sei, „dass sie nicht nur über Geschichte berichten, sondern dass sie selbst ein Teil dieser Geschichte waren und als originale Zeugen der Geschichte wie materielle Kristallisationen der Vergangenheit vor uns stehen".[4]

Materialität

Noch in den 1980er Jahren standen die Hinterlassenschaften der Moderne nicht im Visier der Denkmalpflege. Als die Zürcher Werkbundsiedlung Neubühl (1928–1932) in den Jahren 1983 bis 1986 einer Gesamtsanierung unterzogen wurde, figurierte deren „Ortsbild" zwar im Richtplan des Kantons Zürich, die Aufnahme ins kommunale Inventar der kunst- und kulturhistorischen Schutzobjekte erfolgte aber erst im Nachhinein (1986) und die formelle Unterschutzstellung als Objekt überkommunaler Bedeutung gar ein Vierteljahrhundert später (2010).[5] Kein Wunder, suchte man damals – wie es im Rapport über die 1981 bis 1987 fast gleichzeitig erfolgte Restaurierung der stark beschädigten Stuttgarter Weißenhofsiedlung (1927) heißt – „den wahren Stellenwert des Einzelkriteriums innerhalb der Gesamtordnung" jeweils in einem Abwägungsprozess „zwischen denkmalpflegerischen Forderungen, knappen finanziellen Mitteln, spezifischen Nutzer- und Mieterwünschen und bautechnischen Anforderungen" festzulegen.[6]

In Stuttgart führte dieses Verfahren zum Ersatz praktisch aller Fassadenputze durch einen Vollwärmeschutz mit Polystyrolschaumplatten (beim Haus Mies van der Rohe) oder sechs Zentimeter dicken armierten Wärmedämmputzen. Nebst einer verbesserten Wärmedämmung erhoffte man sich von dieser Maßnahme auch die Behebung bautechnischer Mängel.[7] Umgekehrt waren die Baukosten ausschlaggebend für die Zerstörung originaler Bauteile wie der Eisenfenster in den Häusern Oud und Le Corbusier, da eine serielle Anfertigung wesentlich billiger war als die Instandsetzung.[8] Nach der umfassenden Erneuerung erhob sich damals schon die Frage, ob die Authentizität der Häuser trotz der schwerwiegenden Veränderungen erhalten werden konnte. Hatte der Architekt Max Bächer übertrieben mit seiner kritischen Feststellung, dass „der Atem der Morgenfrische dahin ist und die Häuser nachbehandelt wirken wie nutzbar gemachte Kopien, deren Originale im Museum stehen"?[9]

Unter den Restaurierungen der letzten zwanzig Jahre, welche die Akzentverschiebung von einem mehr oder weniger pragmatischen Umgang mit dem geschichtlich Vorhandenen zu einer entschiedenen Verteidigung der originalen Bausubstanz vollzogen haben, ist Ludwig Mies van der Rohes Villa Tugendhat in Brünn (1928–1930) der vielleicht aufschlussreichste Fall. Entscheidend vorangetrieben durch den Wiener Restaurator/Konservator Ivo Hammer, setzte sich hier die Auffassung durch, dass „Denkmalpflege als gesellschaftliche Praxis" nur Sinn mache, wenn „zumindest die registrierten Denkmale – unabhängig von ihrem Medium, ihrem Alter und ihrer Bewertung – in ihrer materiellen Authentizität erhalten werden".[10] Nach langjährigen Vorbereitungen, zu denen auch die 2006 in Brünn abgehaltene Tagung *Materiality* zählte, gelang es 2011, den zu achtzig Prozent erhaltenen Fassadenputz der Villa in mühsamer Kleinarbeit mit pneumatischen Mikromeißeln und Nadelhämmern von den verkrusteten Tünchen früherer Reparaturen und der 1985 anlässlich einer ersten Restaurierungskampagne aufgebrachten Zement und Kunstharz enthaltenen Schlämme zu befreien, ihn in der historischen Kalktechnik zu ergänzen und mit einer im Sinne der handwerklichen Tradition hergestellten gelblichen Kalktünche zu homogenisieren.[11] (Abb. 1) Das Resultat war ein „farbiges Weiß", das mit einem deckenden Anstrich in Titanweiß niemals erreicht werden kann. Weiße Moderne! Wie konnte es den Nachgeborenen so lange entgangen sein, dass selbst eine „weiße" Architektur nicht unabhängig von der Oberflächenbeschaffenheit – will heißen der verwendeten Materialien, Farbpigmente und Bindemittel – diskutiert werden kann? Dass 1985 die letzte der enormen Scheiben aus Kristall-Spiegelglas in der Wohnzimmerfassade der Villa Tugendhat mutwillig zerstört worden war – angeblich damit kein Unterschied zu den erneuerten, mit Silikonfugen getrennten Floatglass-Scheiben sichtbar wurde –, gehört zu den bitteren Pillen bei der Umsetzung dieses „erstmals unternommenen Versuchs, die Materialität eines Bauwerks der Klassischen Moderne zu analysieren und im ästhetischen Kontext zu interpretieren".[12] Das geschliffene Spiegelglas ist – gleich wie das Guss- und das Opalglas, wie gewisse Glasbausteine, Bodenbeläge, Baubeschläge oder Sanitärapparate – ein heute unauffindbares Industrieprodukt aus dem Repertoire der damaligen Avantgarde. (Abb. 2) Solche Verluste sind umso schmerzhafter, als es zweifellos „klar benennbare Lücken" gibt, „deren berechtigte Schließung ein Denkmal wieder zu einem Ganzen macht",[13] wie selbst Mörsch zugeben musste.

Dem unbedingten Willen zur materiellen Erhaltung der Baudenkmale mitsamt ihren Alterungsspuren stehen nicht nur die bautechnischen und energetischen Defizite der Gebäudehülle im Wege. Es geht auch um feuerpolizeiliche Normen, um Schadstoffsanierungen, um die Erdbebensicherheit und den Schallschutz, um erhöhte Anforderungen an die Absturzsicherungen und um das Funktionieren der Infrastruktur. Einem praktisch im Originalzustand erhaltenen, aber besonders fragilen Objekt wie dem Ausstellungspavillon Le Corbusiers am Zürichhorn (1960–1967) könnte nur schon die Anpassung an den aktuellen Stand der Baukunde den Todesstoß versetzen. (Abb. 3) Die Rettung gelang in diesem Fall, weil im Zuge der 2016 bis 2019 erfolgten Restaurierung auf

Abb. 1 Villa Tugendhat, Brünn. Freilegung des originalen Verputzes, 2010

Abb. 2 Villa Tugendhat, Brünn. Handwerkliche Nachbildung eines Industrieprodukts, 2011

Abb. 3 Pavillon Le Corbusier, Zürich. Originale Absturzsicherungen auf der Dachterrasse, 2019

jegliche Veränderung verzichtet wurde und sich das Einholen einer neuen Baubewilligung somit erübrigte.[14] In den allermeisten Fällen sind jedoch konkrete Lösungen gefragt, die einen Brückenschlag zwischen den unterschiedlichen Positionen zu schaffen vermögen, ohne das Postulat der materiellen Erhaltung aufzugeben. Es handelt sich um Laboratoriumsexperimente im Bereich der Baukunst, die ein hohes Maß an Entwurfskompetenz, Einfühlungsgabe und Bescheidenheit erfordern.

Lassen sich von alledem irgendwelche Spielregeln im Hinblick auf den Umgang mit der historischen Bausubstanz ableiten? Wie schon angedeutet, nicht unmittelbar. Jeder Fall liegt anders. Die Erfahrung zeigt immerhin, dass sich eine Vorgehensweise, die auf konkrete Probleme jeweils spezifische Antworten sucht, besser eignet als eine pauschalisierende Gesamtstrategie – ganz gleich, ob es sich um eine Instandsetzung, eine Umnutzung oder eine Restaurierung handelt. Die Voraussetzung für das Herantasten an ein minimalinvasives, substanzschonendes Projekt ist allerdings eine umfassende Kenntnis des zur Bearbeitung stehenden Werks, die nur aus einer vorgängig durchgeführten transdisziplinären Untersuchung und Dokumentation aller historischen Zustände gewonnen werden kann – einer umfassenden monografischen Analyse, die Architektinnen, Statiker, Historikerinnen, Denkmalpfleger, Bauphysikerinnen und insbesondere Restauratoren/ Konservatoren an einen Tisch bringt und nebst einer inhaltlich überzeugenden Hierarchie der Schichtenfolgen auch geeignete Methoden der Konservierung und Restaurierung aufzuzeigen vermag. Nicht nur die Publikation solcher Forschungsresultate ist ein dringendes Desiderat, sondern auch die Schaffung einer institutionellen Stelle für die Aufbewahrung von Farbbefunden und Materialproben.[15]

Diese Denkmale könnten eine didaktische Wirkung entfalten, die auch das Verständnis für die große Masse der Bausubstanz aus dem 20. Jahrhundert zu befördern vermag. Die fallbezogene Methode der eingehenden interdisziplinären Bauuntersuchung ihrerseits sollte – zumindest in reduzierter Form – eine Selbstverständlichkeit werden. Erst die umfassende Kenntnis der Bausubstanz erlaubt eine präzise Skalierung der Eingriffe, die nicht nur der Authentizität des architektonischen Erbes, sondern auch aktuellen ökologischen Postulaten gerecht wird – und zwar ohne die Disziplin gleich „revolutionieren" oder gar neu erfinden zu müssen, um sie für die anstehenden Probleme „fit" zu machen.

Die Überfassung der Schutzobjekte

Der korrekte Umgang mit den Altlasten der Baugeschichte wird nochmals schwieriger, wenn der denkmalgeschützte Bestand veränderten Nutzungen oder zumindest Nutzungsvorstellungen im Wege steht, und geradezu unmöglich, wenn sich die Raumstruktur und das Raumprogramm nicht zur Deckung bringen lassen. Ohne hier auf das Aushöhlen oder die signifikante Erweiterung von Baudenkmalen eingehen zu wollen: Dass das Wohnen und Arbeiten in einem historischen Gefäß mit den allenfalls damit verbundenen Einschränkungen Unbehagen auslösen kann, ist ein Faktor, dem Rechnung zu tragen ist. Oft haben die Betroffenen keine Alternativen, gerade wenn es um größere Wohnsiedlungen, Schulhäuser oder Arbeitsstätten geht – ein Umstand, der schon auf die besonderen Probleme beim Umgang mit der großen, nicht unter Denkmalschutz stehenden Masse der Bausubstanz aus dem 20. Jahrhundert verweist, verschärft aber architektonisch herausragende Ensembles betrifft. Die Bewohnerinnen und Bewohner der Zürcher Werkbundsiedlung Neubühl etwa betonten immer wieder, nicht „in einem Museum leben" zu wollen. Der vernarbte braune Linolboden, der jedem Designerloft wohl anstehen würde, hatte in einem erneuerten Reihenhaus keinen Platz. Auch die historische Kücheneinrichtung musste weichen, weil nach der „Restaurierung" ein zeitgemäßer Standard erwartet wurde. (Abb. 4) Ähnliches galt wohl für die berühmte „Frankfurter Küche" von Margarete Schütte-Lihotzky – in den 1920er Jahren das Nonplusultra funktionaler Gestaltung – oder die offene „Cuisine-bar" in der von Le Corbusier erbauten Unité d'habitation in Marseille (1945–1952), wovon viele Exemplare im Antiquitätenhandel oder auf dem Abfallhaufen landeten. In den meisten solchen Fällen würde es gelingen, die Gebrauchstauglichkeit des Originals mit einer Reparatur und ein paar subtilen Ergänzungen zu steigern. Das Resultat wäre ein gut funktionierendes Unikat, das mit einem höheren Prestige verbunden wäre als ein simples Serienprodukt. Anders als bei einem Neubauprojekt muss bei einer „Sanierung" jedoch eine gemeinsame Basis und eine geeignete Sprache gefunden werden, bevor verkrustete Denkschemata aufgebrochen werden können.

Eine rote Linie wäre jedenfalls überschritten, wo geschützte Bausubstanz zur bloßen materiellen Ressource verkommt. Gerade bei der Veränderung von Grundrissdispositionen und dem Ersatz maroder Installationen ist besondere Vorsicht geboten. Allzu oft werden die Oberflächen von Innenräumen schwer beschädigt oder auf den Rohbau zurückgeführt, um eine zeitgemäße Haustechnik optimal verlegen zu können. Genügt es nicht in vielen Fällen, etwa neue Elektroleitungen in die alten Rohre einzuziehen und zusätzlich benötigte Licht-, Telefon- und Computerinstallationen entweder auf Putz oder in Einbaumöbeln zu führen? Summa summarum geht es darum, die Denkmale nicht zu überfordern, auch wenn die Nutzeransprüche steigen. Wenn es gelingt, substanzschonende Verfahren anzuwenden, können selbst tapezierte Oberflächen erhalten und reversibel „überfasst" werden, um so den historischen Bestand für spätere Generationen zu erhalten und zugleich einen neuen Auftritt zu finden.

Veränderte Bauvorschriften pflegen dem guten Willen allerdings Grenzen zu setzen. Bei der 2001 als Präventivmaßnahme durchgeführten Asbestsanierung des von Le Corbusier und Pierre Jeanneret in der Pariser Cité universitaire errichteten „Pavillon Suisse" (1929–1933) ging es beispielsweise darum, sämtliche der asbesthaltigen Wand-

und Deckenverkleidungen zu ersetzen und gleichzeitig das Innenleben der Leichtbaukonstruktion akustisch zu ertüchtigen.[16] Mit der Nachbildung der sorgfältig gesetzten Deckleisten und einer entsprechenden Farbgebung konnte der Ästhetik Le Corbusiers zwar vorbildlich Rechnung getragen werden, doch hat sich der Zeugniswert der neuen Fassung auf irreversible Weise verändert. Dazu kommt, dass die von Charlotte Perriand verantwortete Ausstattung der Zimmer bereits 1996 liquidiert und durch weniger spartanische Betten und Einbaumöbel ersetzt worden ist, so dass heute nur noch ein einziges Musterzimmer den Originalzustand dieses ikonischen Studierendenhauses dokumentiert.

Das Stichwort in allen derartigen Fällen lautet „Fassung", ein Begriff, der aus der Welt der Restauratoren stammt. Nolens volens stellen wir mit jedem Eingriff eine neue Fassung des Schutzobjekts her und versuchen dabei, allen Schwierigkeiten zum Trotz, die Bausubstanz in ihrem kulturellen und künstlerischen Wert ernst zu nehmen. Selbst bei einer Instandsetzung „integral" geschützter Objekte muss die neue Fassung sorgfältig ausgehandelt und definiert werden und mit ihr die Verfahren, die zum anvisierten Ziel führen. Es sollte nicht überraschen, wenn die damit verbundenen Entscheidungen oft an die Grundfesten der Denkmalpflege rühren.

Abb. 4 Werkbundsiedlung Neubühl, Zürich. Restauriertes Spülbecken im Musterhaus, 2000

Das Interieur als Denkmalpflegefall

Die einschlägigen Gewissensfragen wurden in der Umbruchszeit des 19. Jahrhunderts gestellt. Damals von hohen Stellen getragen und später für seinen *vandalisme restaurateur* verspottet, hat der französische Architekt Eugène Emmanuel Viollet-le-Duc zahlreiche mittelalterliche Kathedralen, Schlösser und Städte vor dem Zerfall gerettet und sie mit Rekonstruktionen und historisierenden Zutaten in einen homogenen „Zustand der Vollkommenheit, der möglicherweise nie existiert hat",[17] zurückgeführt. Die Gegenposition vertrat bekanntlich der englische Universalgelehrte und Architekturtheoretiker John Ruskin. In seiner überaus einflussreichen Programmschrift *The Seven Lamps of Architecture* tat er jegliche Rekonstruktion als Geschichtsfälschung und als unzulässige „Totenerweckung"[18] ab. Oder, wie es der deutsche Kunsthistoriker Georg Dehio später formulierte: „Erhalten und nur erhalten!" und „nicht den Stempel irgendeiner heutigen, dem Irrtum unterworfenen Deutung aufdrücken".[19]

In den letzten Jahren, so scheint es, hat Viollet-le Duc an Terrain gewonnen und ist wieder salonfähig geworden. Nicht zuletzt bei den bedeutendsten Wohnbauten scheint die Sicherung und sachte Ergänzung originaler Fragmente nicht mehr das einzige Kriterium zu sein. Diese Ikonen der modernen Wohnkultur erfordern offenbar eine zusätzliche Annäherung, eine vielleicht spekulative Lesart, die den Blick auf das Spezielle oder Spezifische im Vergleich zu den anderen Hauptwerken lenken und in manchen Fällen für eine wissenschaftlich fundierte Rekonstruktion nicht nur der Innenräume, sondern auch der mit ihnen eng verbundenen Möbelstücke und der Textilien sprechen wird.

Raum, lehrt uns Adolf Loos, ist schwer darzustellen. Auf Fotografien müssen deshalb die Gegenstände der Einrichtung den Raum vertreten, um den es „eigentlich" geht.[20] Sie repräsentieren die – oder eine bestimmte – Architektur aber auch in einem breiteren Sinn. In äußerster Konsequenz gilt dies für das Schröder-Haus von Gerrit Rietveld (1924), wo die Konstruktion eines Stuhls den gleichen Gesetzen unterliegt wie das Haus selbst, der Vorstellung entsprechend, dass Kunst und Leben nicht länger getrennte Bereiche seien (Theo van Doesburg). In besonderem Maß gilt es auch für die Wohnausstellungen der 1920er Jahre. Man kann sagen, dass sie die Grundlagen des Neuen Bauens mittels Gegenständen vermittelten, die dem Betrachter aufgrund seiner Erfahrungen leichter verständlich waren als die Architektur selbst. Auch wenn ihre Formen – im Unterschied zum Schröder-Haus – ganz andere waren, so waren sie doch aufgrund der ihnen zugrundeliegenden „Sachlichkeit" Metonymien des Neuen Bauens – und der Ideologie des Neuen Bauens, wie etwa das karge Coop-Interieur von Hannes Meyer zeigt, das fast zu gleicher Zeit wie das Interieur von Rietveld entstanden ist. Die beiden Einrichtungen stecken das Feld in seiner ganzen Breite ab: Auf der einen Seite homogene Ensembles, die einer einheitlichen, individuellen Gestaltung unterworfen sind, auf der anderen Seite heterogene Dispositive, die auf einer strikten Trennung zwischen Raum und Einrichtung und auf dem Einsatz von Serienmöbeln beruhen. Zwischen diesen gegensätzlichen Polen spannt sich ein weites Feld an Möglichkeiten auf.

Beim Wohnraum der Villa Tugendhat etwa scheint es sich auf den ersten Blick um den Inbegriff eines neuartig-offenen, „fließenden" Raumes zu handeln, der beliebig möbliert werden kann. Eine genauere Betrachtung zeigt jedoch, dass Mies die Möglichkeit anbot, mithilfe von Vorhängen abtrennbare Raumzonen von charakteristischer Form zu schaffen – eine Empfangszone mit Piano und einen Konversationsbereich, einen Essbereich, eine Arbeitszone mit Bibliothek.[21] (Abb. 5) Die „moderne" Villa Tugendhat perpetuiert demnach einen Zustand, „der noch weitgehend den großbürgerlichen Idealen und Umgangsformen des 19. Jahrhunderts verpflichtet ist", wie Wolf Tegethoff festhält.[22] Damals gab es für jede Funktion einen eigenen Raum, für jedes Bedürfnis einen speziellen Apparat. Mies lieferte also eine subtile Studie an der Grenze zweier Konzeptionen, wobei er die räumlich isolierbaren Orte mit wiederum charakteristischen, scheinbar unverschieblichen Möbelgruppen besetzte. Wie im ganz andersartigen Fall des Schröder-Hauses ist die Beziehung zwischen Möbel und Raum derart zwingend, dass bei der Restaurierung von 2010 bis 2012 die gesamte Ausstattung mitsamt den Vorhängen und den Teppichen rekonstruiert, respektive nachgebaut wurde.

Nicht jedes Einrichtungskonzept verlangt nach einer derart kompletten Wiederherstellung, die nur eine museale Nutzung zulässt. Josef Frank provozierte 1927 anlässlich der Stuttgarter Ausstellung mit einer gelasseneren Haltung: „Da sich im Lauf eines Lebens eine Menge von Anschauungen, Erfahrungen und Gegenständen ansammeln, so muß die Wohung die Möglichkeit bieten, diese alle aufzunehmen, [...]."[23] Selbst Le Corbusiers Wohnungen waren nicht zuletzt Gefäße für das Schwemmgut des Lebens, wobei sein eigenes Appartement-Atelier in der rue Nungesser-et-Coli oder der auf der Pariser Kunstgewerbeausstellung 1925 gezeigte „Pavillon de l'Esprit Nouveau" allerdings wie das sorgfältig inszenierte Privatmuseum eines urbanen Sonderlings wirken. Für die Evokation solcher informeller Einrichtungskonzepte genügen oft wenige gut gewählte Stücke. In der 1912 vom jungen Le Corbusier in La Chaux-de-Fonds errichteten

„Maison Blanche", dem Wohnhaus seiner Eltern, erleichtert die partiell wiederhergestellte Möblierung nicht zuletzt die Abhaltung kultureller Veranstaltungen, wie sie schon die Mutter des Architekten, eine Pianistin, im großen Salon durchgeführt hatte. Anlässlich der 2005 abgeschlossenen Restaurierung wurden konkrete Szenarien für diese außerordentlichen Nutzungen erarbeitet, die auch die jeweils benötigte leichte Möblierung, deren Transport und den erforderlichen Stauraum berücksichtigten.[24]

Im Zusammenhang mit der Rekonstruktion unverzichtbarer Innenräume interessieren die unterschiedlichen Konzeptionen des Wohnens und deren architektonische Formulierung ebenso wie das Konzept ihrer Wiederherstellung und die Art der Präsentation. Sowohl der ästhetische als auch der historisch-kritische Genuss solcher Werke definiert sich aus der Differenz zu anderen – ähnlichen oder unterschiedlichen – Objekten. Deren Gesamtheit kann als eine Art „imaginäres Museum"[25] verstanden werden, das zwar bloß in der Vorstellung interessierter Menschen existiert, dessen Exponate aber nacheinander besucht, erlebt, analysiert und verglichen werden können.[26] Anders als beim Schröder-Haus, der Villa Tugendhat, der Villa Mairea von Alvar Aalto in Noormarkku oder Eileen Grays und Jean Badovicis E-1027 in Roquebrune-Cap-Martin, die heute außen und innen mit allen Sinnen erkundet werden können, bleiben uns allerdings von den epochalen Wohnausstellungen nur eine Handvoll schwarzweißer Bilder. Umso spannender ist es, sich auch diesen Schlüsselwerken des imaginären Museums zu nähern und sich mithilfe von Museumspräsentationen den Dialog zwischen Raum und Einrichtung in Erinnerung zu rufen. (Abb. 6) Es ist zu hoffen, dass dieses „imaginäre Museum" die Architektur der Moderne auch einem breiten Publikum näher zu bringen und implizit den Umgang mit der historischen Substanz zu verbessern vermag.

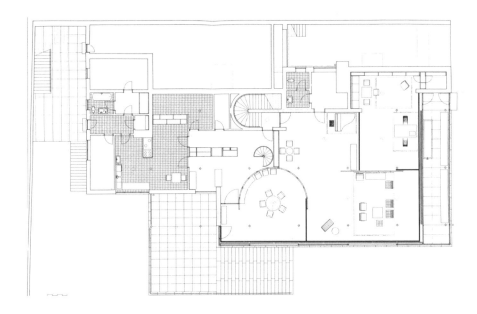

Abb. 5 Villa Tugendhat, Brünn. Grundriss des Wohngeschosses mit eingezeichneten Raumabschlüssen (Vorhänge)

Abb. 6 Pavillon de l'Esprit Nouveau. Rekonstruktion des Wohnraums mit originalem Mobiliar im Museum für Gestaltung Zürich, 1987

Arthur Rüegg

1 Friedrich Achleitner: „Die Ausstellung einer Ausstellung", in: Adolf Krischanitz/Otto Kapfinger: *Die Wiener Werkbundsiedlung. Dokumentation einer Erneuerung*, Wien 1985, 7–9: 8.

2 Etwa mit dem Symposium *Denkmal Postmoderne. Erhaltung einer „nicht abzuschließenden" Epoche*, Bauhaus-Universität Weimar, 3.–5. März 2022.

3 Achleitner 1985.

4 Georg Mörsch: „Grundsätzliche Leitvorstellungen, Methoden und Begriffe der Denkmalpflege", in: ders.: *Aufgeklärter Widerstand. Das Denkmal als Frage und Aufgabe*, Basel/Boston/Berlin 1989, 115–142: 115.

5 Vgl. Arthur Rüegg: „Werkbundsiedlung Neubühl in Zürich-Wollishofen (1928–1932)", in: Jadviga Urbanik (Hg.): *Der Weg zur Moderne. Werkbundsiedlungen 1927–1932*, Architekturmuseum Warschau, 2016, 156–179: 169.

6 Harald Nägele: *Die Restaurierung der Weissenhofsiedlung 1981–87*, Stuttgart 1992, 120.

7 Ebd., u.a. 174, 129. Erhalten wurden schätzungsweise 5% der Originalputze (Talfassade Haus Scharoun).

8 Ebd., 122. Bedenken bezüglich der Vermietbarkeit von Häusern mit Originalfenstern spielten ebenfalls eine Rolle.

9 Ebd., 120; nach: Max Bächer: „Barcelona-Pavillon, Sagrada Familia – Original, Kopie oder Nachahmung?", in: *Bauwelt*, 80. Jg (1989), Heft 19, 853.

10 Ivo Hammer: „Materiality. Geschichte des Hauses Tugendhat 1997–2012. Untersuchungen und Restaurierung", in: Daniela Hammer-Tugendhat/Ivo Hammer/Wolf Tegethoff: *Haus Tugendhat. Ludwig Mies van der Rohe*, Neuausgabe, Basel 2015, 165.

11 Ebd., 182–183, 205.

12 Hammer-Tugendhat et al.: „Vorwort", in: ebd., 11.

13 Mörsch 1989, 130.

14 Vgl. Amt für Hochbauten der Stadt Zürich/Silvio Schmed und Arthur Rüegg (Hg.): *Pavillon Le Corbusier Zürich. Restaurierung eines Architektur-Juwels*, Zürich 2019, insb. 30.

15 Ein Anliegen, das auch Bruno Reichlin in etwas modifizierter Form dezidiert vertritt, vgl. etwa „Überlegungen zur Erhaltung des architektonischen Erbes des 20. Jahrhunderts", in: Elise Feiersinger/Andreas Vass/Susanne Veit (Hg.): *Bestand der Moderne. Von der Produktion eines architektonischen Werts*, Zürich 2012, 31–39: 34–35.

16 Vgl. Ivan Zaknic: *Le Corbusier, Pavillon Suisse. The Biography of a Building/Biographie d'un bâtiment*, Basel/Boston/Berlin 2004, 372–382.

17 „[...] rétablir dans un état complet qui peut n'avoir jamais existé à un moment donné" [Eugène Emmanuel] Viollet-le-Duc: *Dictionnaire raisonné de l'architecture française du XIe au XVIe siècle*, Bd. 8, Paris 1866, 14.

18 Vgl. John Ruskin: *Die sieben Leuchter der Baukunst*, Leipzig 1900 (Ausgewählte Werke in deutscher Übersetzung 1), 364.

19 Georg Dehio: *Was wird aus dem Heidelberger Schloss werden?*, Strassburg 1901, 6 und 7.

20 Dieser Absatz nach: Arthur Rüegg/Martin Steinmann: „Einrichtungen", in: *archithese*, 13. Jg (1983), Heft 1, 34–36 und 53: 34.

21 Siehe Arthur Rüegg: „Für ein ‚Musée Imaginaire' der Wohnkultur. Aspekte einer zukünftigen Strategie für das Haus Tugendhat", in: Adolph Stiller (Red.): *Das Haus Tugendhat, Mies van der Rohe*, Brünn 1930, Architektur im Ringturm V, Wien/Salzburg 1999, 95–111, 102–103.

22 Wolf Tegethoff: „Ein Wohnhaus seiner Zeit im Spiegelbild der Moderne", in: Hammer-Tugendhat et al. 2015, 90–139: 130.

23 Josef Frank: „Die moderne Einrichtung des Wohnhauses", in: Werner Gräff, im Auftrag des Deutschen Werkbunds (Hg.): *Innenräume. Räume und Inneneinrichtungsgegenstände aus der Werkbundausstellung ‚Die Wohnung', insbesondere aus den Bauten der städtischen Weissenhofsiedlung in Stuttgart*, Stuttgart 1928, 126–127: 126; Wiederabdruck in: *Josef Frank. Schriften/Writings, Veröffentlichte Schriften/Published Writings*, hg. v. Tano Bojankin/Christopher Long/Iris Meder, Wien 2012, Band 1, 340–343.

24 Vgl. Klaus Spechtenhauser/Arthur Rüegg (Hg.): *Maison Blanche. Charles-Edouard Jeanneret – Le Corbusier. Geschichte und Restaurierung der Villa Jeanneret-Perret, 1912–2005*, Basel/Boston/Berlin 2007, 143.

25 „Le musée imaginaire" ist der Titel eines 1947 von André Malraux publizierten Aufsatzes und des ersten Bandes von *Les Voix du silence*, Paris 1951.

26 Vgl. Rüegg 1999, 96–97.

Dirk Baecker

Die Substanz der Stadt

I.

Wer nach der „Substanz" einer Sache fragt, bewegt sich, wie Ernst Cassirer (1910) gezeigt hat, auf einem nicht ungefährlichen Pfad der Abstraktion. Die Frage nach einer Substanz wird wichtig, wenn man wie Aristoteles das Ganze und seine Teile unterscheidet und im Teil ebenso wie im Ganzen nur gelten lässt, was sie miteinander gemeinsam haben. Die Besonderheiten (Akzidenzen) der Teile ebenso wie auch des Ganzen (ein Teil unter weiteren Teilen) werden dabei vergessen. Man abstrahiert zugunsten einer Gattungslogik, die das Wesen der Dinge gemäß ihrer kategorialen Ordnung bestimmt. Und die Kategorie, die „Anklage" (Heinrich 1987, 37), richtet, wie wir wissen, die Dinge nicht nur ordentlich, sondern auch politisch.

Trotzdem ist die Frage nach der Substanz der Stadt eine sinnvolle Frage. Sie adressiert eine Sehnsucht, von der vor allem das Nachdenken über die „europäische" Stadt (Siebel 2004) nicht frei ist. Jede moderne Bestimmung der Stadt muss mit dieser Sehnsucht rechnen. Sie bestimmt unser Gemüt und damit auch unser ästhetisches Empfinden. Wir fragen nach dem angemessen Platz der Dinge, ihrem *telos*, in einer Ordnung des Ganzen. Wir suchen nach einem Zentrum, von dem aus sich alles andere als Peripherie bestimmen lässt. Das Zentrum repräsentiert das Ganze, ästhetisch ebenso wie politisch, auch wenn die Teile rebellisch sind.

Ein moderner Begriff der Stadt fragt nach ihrer Funktion. Das ist nicht mehr ontologisch, sondern mathematisch gemeint. Es geht nicht um das Sein des Seienden, sondern um Variablen in Abhängigkeit von anderen Variablen. Das ermöglicht ein Denken in Besonderheiten, da die Variablen immer nur bestimmte Werte annehmen können und von diesen bestimmten Werten alle anderen Variablen abhängig sind. Es geht also nicht um eine teleologische Funktion, auf die hin wie auf das alte Ganze alles andere geordnet wird. Sondern es geht um ein Geflecht von Beziehungen, das allenfalls ökologisch, das heißt in Nischen und Nachbarschaften und unter Verzicht auf ein übergreifendes Ganzes, geordnet ist beziehungsweise sich selbst laufend neu ordnet. Die Sehnsucht nach der Substanz der Stadt ist selbst eine solche Variable, die je nach ihrer Ausprägung die städtische Wahrnehmung und Politik in unterschiedlichem Maße bestimmen kann.

II.

Zunächst gilt es jedoch zu fragen, ob die Frage nach der Substanz der Stadt übersetzt werden kann in eine Frage nach der Funktion der Stadt. Erfüllt nicht nur alles in der Stadt eine bestimmte Funktion, wie wir es seit Le Corbusiers Charta von Athen aus dem Jahr 1933 zu glauben und entsprechend zu ordnen gewohnt sind (Hilpert 1984), sondern auch die Stadt selbst? Ist die Stadt eine Variable in einem funktionalen Verhältnis zu einer anderen oder mehreren anderen Variablen? Welche Philosophie, Wissenschaft oder Pragmatik stellt eine solche Frage?

Ich halte mich im Folgenden an die Soziologie, will aber andere Fassungen dieser Fragestellung nicht ausschließen. In der Soziologie ist die Stadt eine Variable in einem funktionalen Verhältnis einerseits zur Gesellschaft, andererseits zum Leben der Menschen und drittens zur Geologie des Planeten. Im Verhältnis zur Gesellschaft und zu den Menschen ist die Stadt so etwas wie ein „symbiotischer Mechanismus" (Luhmann 1974). Sie bindet die soziale Ordnung und Unordnung der Gesellschaft an die körperliche und leibliche Orientierung der Menschen in den Häusern, auf der Straße, in Büros und auf Plätzen, in Kirche und Theater, Fabrik, Schule und Universität, Läden, Gaststätten, Kinderspielplätzen und Sportanlagen. Stadt macht Gesellschaft erlebbar, auch wenn die Gesellschaft als regionale, nationale und globale sowie als politische, wirtschaftliche, religiöse, kulturelle, massenmediale über die Stadt hinausreicht. Die Stadt hat in der Gesellschaft eine „Form" (Spencer-Brown 1969), auf deren Innenseite das Städtische im Verhältnis zum Gesellschaftlichen auf der Außenseite immer wieder neu bestimmt wird.

Mit diesem symbiotischen Mechanismus ist auch planetar zu rechnen. Über die Versiegelung der Böden, den Ressourcen- und Energieverbrauch, die Abfallproduktion, die Emissionen an Schmutz, Licht und Lärm sowie den infrastrukturellen Bedarf an Verkehr und Kommunikation zwischen den Städten ist die Stadt ein wichtiger Faktor in der anthropogenen Veränderung der Lebensbedingungen auf der Erde (Latour 2018).

Bleiben wir zunächst bei Mensch und Gesellschaft. Welche soziale Funktion erfüllt die Stadt in der Gesellschaft und für die Menschen? In der Soziologie finden wir drei Antworten auf diese Frage. Die erste stammt von Max Weber, die zweite von Georg Simmel und die dritte von der Chicagoer Stadtsoziologie.

Für Max Weber (1921, 727ff.) war die Stadt eine Funktion der Emanzipation aus den gemeinschaftlichen Beziehungen der Stammesgesellschaft. Denn die Stadt ist der Ort, wo man miteinander lebt, ohne einander kennen zu müssen. Die Kulturkritik spricht von der Anonymität der Beziehungen, die Soziologie jedoch eher von sozialen Beziehungen, die auch dann möglich sind, wenn die persönliche Bekanntschaft fehlt. Man kauft, lernt, isst bei Leuten, die man nicht kennt. Man wird medizinisch behandelt, politisch angewiesen, religiös getröstet, künstlerisch fasziniert, massenmedial unterhalten von Leuten, die man nicht kennt. Das ist eine bemerkenswerte zivilisatorische Errungenschaft, die weitere Mechanismen wie das Geld, das Recht, die Macht und den

Glauben nicht nur voraussetzt, sondern ihrerseits mit auf den Weg bringt. Der Bürgerverband unter Menschen, die sich kennenlernen können, aber nicht kennen müssen, tritt neben andere große Institutionen der Gesellschaft wie vor allem den Staat, die Kirche, das Unternehmen und die Universität.

Georg Simmel (1903) macht auf einen Aspekt aufmerksam, der sich gut mit der These der Stadt als symbiotischem Mechanismus à la Luhmann verbinden lässt. Für ihn ist die Stadt ähnlich wie für Charles Baudelaire und Walter Benjamin (1935 und 1938/40, insbes. 537ff. zum Flaneur) eine Schulung des Nervenlebens, genauer: ein Training der zur Schau gestellten Indifferenz angesichts einer Überflutung mit Nervenreizen durch Verkehr, Werbung und Licht. „Cool" beziehungsweise, im damaligen Jargon, „blasiert" lässt man sich in den Einkaufszonen und andernorts dabei beobachten, unbeeindruckt und Herr der Lage zu sein. Der symbiotische Mechanismus Stadt zwischen Mensch und Gesellschaft funktioniert nur, wenn den Bewohnern der Stadt zugemutet werden kann, ihr scheinbares Durcheinander, die Schnelligkeit der Szenenwechsel und die Fülle der flüchtigen Begegnungen (man denke an Baudelaires Gedicht „À une passante", 1855) ebenso souverän wie funktional zu ordnen. Überall winken die Waren mit ihren „Liebesaugen", als die Marx (1867, 124) die Preise bezeichnet hat, doch auf nichts ist Verlass. Simmel (1900, 591ff.) bringt den Substanzverlust der Stadt, erzeugt durch die Objektivität geldwirtschaftlicher Beziehungen, auf den Begriff der „Charakterlosigkeit", unterstreicht damit jedoch nur die Notwendigkeit eines „rechnenden" Intellekts, der auf Beziehungen nicht verzichtet, sondern sie neu codiert.

Die Chicagoer Stadtsoziologie, die zunächst journalistisch aus der Beobachtung des explosionsartigen Wachstums Chicagos dank des Zustroms von Bevölkerung aus den Südstaaten Amerikas im Laufe des 19. Jahrhunderts entstand, stellt ebenfalls die Frage nach der Stadt als einer neuen Form einer Selbstorganisation von Gesellschaft (Park/Burgess/McKenzie 1925): Wie organisiert sich das gesellschaftliche Leben in einer Stadt, deren Wachstum alle bisherigen politischen Formen der Selbstverwaltung, Stadtplanung und Ordnungspolitik überfordert? Als Antwort auf diese Frage wurde in Chicago das erste ökologische Paradigma der Soziologie entwickelt. Man suchte nach Funktionen, die eine horizontale Ordnung von Nischen und Nachbarschaften ermöglichen, ohne dafür ein politisches Supersystem, eine Gesamtverwaltung vorauszusetzen. Und man fand vier Funktionen, die für die heutigen Megacitys der Weltgesellschaft nach wie vor ihre Geltung beanspruchen dürften. Chicago, so fand man heraus, ordnet sich in *neighborhoods*, *professions*, *markets* und *news*. Die Leute müssen und wollen wissen, wer ihre Nachbarn sind, anhand welcher Berufe sie am gesellschaftlichen Leben teilnehmen können, auf welchen Märkten welche Güter und Dienstleistungen zu kaufen und zu verkaufen sind und welche Nachrichten darüber unterrichten, wie lange man sich auf lokale, regionale, nationale und globale Bedingungen verlassen kann beziehungsweise neu einstellen muss. Und das war's. Diese Funktionen ermöglichen eine Art von „corporate action" (ebd., 29f.), die sich nicht an persönlicher Bekanntschaft, sondern an Verhaltensspuren, also an indirekten Signalen orientiert. Man arbeitet dort, wo schon andere arbeiten, lernt dort, wo schon andere lernen, und geht dort ins Theater, wo auch andere ins Theater gehen. In der Insektenstaatforschung nennt man dieses Prinzip der Selbstorganisation „Stigmergie" (Grassé 1959), die Orientierung von Verhalten an Spuren (Stigmata), die andere hinterlassen.

Das ist die Funktion der Stadt. Sie ermöglicht durch Bauten, Verkehr, Orte und Einrichtungen eine indirekte Orientierung am Verhalten anderer. Man könnte auch von einer Ordnung der Imitation sprechen (Tarde 1895), muss dabei jedoch berücksichtigen, dass auch Abweichungen etwa im unternehmerischen, künstlerischen, politischen, wirtschaftlichen und wissenschaftlichen Handeln und Erleben attraktiv sind und über ihre Imitation bestätigt werden.

III.

Es besteht kein Anlass, an der Brauchbarkeit dieser bereits hundert Jahre alten soziologischen Bestimmung der Funktion der Stadt in Hinblick auf eine aktuelle Frage nach dieser ihrer Funktion zu zweifeln. Im Gegenteil ist es gerade dieses emanzipatorische und ökologische Paradigma, das einer substanziellen Bestimmung der Stadt als ein seine Teile ordnendes Ganzes entgegenzustellen ist. Wenn von einer Substanz noch die Rede sein darf, dann einerseits im Sinne einer gleichsam nachhängenden Sehnsucht nach einem zentrierten und zentrierenden Bild der Stadt und andererseits im Sinne eines Ganzen, das nichts anderes ist als die wiederholt erkennbare Verknüpfung aller seiner Teile. Die Substanz der Stadt, so könnte man dann sagen (und der Sehnsucht entgegenhalten), besteht aus der Rekurrenz und Redundanz einer Selbstorganisation, die gelernt hat, sich auf die Imitation von Unbekannten und durch Unbekannte zu verlassen. Man kann auch von einer elementaren Phänomenologie der Gesellschaft sprechen, wenn Gesellschaft eben jene Form der Verknüpfung unter den Menschen ist, die auf persönliche Bekanntschaft nicht angewiesen ist. David Graeber und David Wengrow (2021, 277) haben Canettis unsichtbare Masse der Toten als ein erstes Bild verstanden, das in frühen Gesellschaften die Imagination einer über die Anwesenden und Lebenden hinausreichenden Gesellschaft evozierte, doch die Stadt der Lebenden ist ein mindestens ebenso mächtiges Bild.

Nehmen wir die funktionale Bestimmung einer Substanz der Stadt beim Wort, so müssen wir die aktuelle Stadt nicht mehr ontologisch, sondern können sie genetisch verstehen (Cassirer 1910, 15). Wir müssen nicht nach ihrem Wesen fragen, das sich als das Allgemeine gegenüber allem Besonderen behauptet, sondern können nach den Funktionen suchen, die sie immer wieder aufs Neue hervorbringen. In der modernen Stadt der Charta von Athen war diese genetische Funktion das funktionale Gleichgewicht zwischen den verschiedenen Lebensbereichen und Aktivitätsfeldern der Menschen, so dass Politik und Wirtschaft, Arbeit und Freizeit, Kultur und Religion, Verkehr und Begegnung an den Orten erkennbar sind, an denen sie stattfinden. Diese Vorstellung hatte und hat den eminenten Vorteil, dass sie Störungen einschließt, weil sie Störungen identifizieren und ihnen durch Planung begegnen kann.

Die aktuelle Stadt, die Stadt der „nächsten Gesellschaft" (Baecker 2007, 2018), ist nicht mehr so einfach zu beschreiben. In ihr herrschen die Informationsräume der Konnektivität. Elektronische Medien, digitale Apparate und lernfähige Algorithmen nehmen auf die Funktionssysteme der modernen Gesellschaft nur noch als kulturelle Wertsphären Rücksicht und ordnen sich darüber hinaus Netzwerken zu, die nach anderen Prinzipien als jenen der Rationalität der Funktionssysteme operieren. Netzwerke ordnen sich anhand von Profilen, Profile verdanken sich Positionen und Positionen bestimmen eine Identität anhand der Beziehungen, in denen man zu anderen Positionen mit anderen Profilen steht. Das ist einigermaßen kompliziert und kann nur durch ein „Kalkül der Ungewissheit" (White 1992, 17) rekonstruiert werden. Was ist damit gemeint? Und was hat das mit der Stadt zu tun?

Die aktuelle Stadt, so die These, ist ein symbiotischer Mechanismus, eine Verknüpfung von Mensch und Gesellschaft, nicht mehr nur unter Bezug auf die moderne, sondern zunehmend unter Bezug auf eine „nächste" Gesellschaft. Die moderne Gesellschaft war und ist die Gesellschaft des Buchdrucks, der als Medium der Aufklärung und Kritik die Gesellschaft aus ihren feudalen Fesseln befreite und in autonomen Funktionssystemen dynamisch stabilisierte (Luhmann 1997). Die nächste Gesellschaft ist die Gesellschaft der elektronischen Medien, angefangen bei Telegraf, Kino und Rundfunk und bis zu Fernsehen, Computer und Internet. Die Kultur- und Sozialwissenschaften nehmen seit Marshall McLuhan (1964) an, dass Medien wie die Schrift, der Buchdruck, das Fernsehen und der Computer den Maßstab, das Tempo und das Schema der Situation des Menschen verändern (ebd., 14). Die Gesellschaft entwickelt jeweils andere Formen der Differenzierung, um mit dem Sinnüberschuss zurande zu kommen, den jedes neue Medium mit sich bringt. Die Horizonte sowohl des Handelns als auch des Erlebens sind andere, je nachdem ob man es nur mit mündlicher oder auch mit schriftlicher Kommunikation zu tun hat, nur mit dem Buchdruck oder auch mit elektronischen Medien. Die moderne Gesellschaft hat diesen Sinnüberschuss durch Funktionssysteme, das heißt durch die jeweils autonome Dynamik von Politik und Wirtschaft, Kunst und Religion, Erziehung und Wissenschaft, Familie und Massenmedien geordnet, deren „rationale" Grenzen durch die Kommunikation elektronischer Medien jedoch übersprungen und unterlaufen werden. Mit den elektronischen Medien tritt ein neuer Sinnüberschuss auf, der, so die aktuelle Vermutung, nur durch Netzwerke geordnet werden kann (Castells 1996).

Netzwerke verletzen ein auch für die Stadt wichtiges Prinzip der Moderne, das seit der Französischen Revolution darin bestand, der Gesamtbevölkerung Zugang zu allen Funktionssystemen zu ermöglichen, das heißt mit dem allgemeinen Wahlrecht (erst für Männer, dann auch für Frauen), der Vertragsfreiheit, der Schulbildung für alle und der

Die Stadt ist ein
Geflecht von Bezie-
hungen, das allenfalls
ökologisch, das heißt
in Nischen und
Nachbarschaften und
unter Verzicht auf
ein übergreifendes
Ganzes geordnet ist
beziehungsweise
sich selbst laufend
neu ordnet.

Publikumsorientierung der Künste, ja sogar der Wissenschaft und nicht zuletzt mit der allgemeinen Presse die Inklusion der Gesamtbevölkerung in die Gesellschaft sicherzustellen. Wie man weiß, ist dies weltweit nicht gelungen, doch bleibt es ein programmatisches Ziel der um Aufklärung, Gleichheit, Gerechtigkeit und Menschenrechte bemühten Moderne. In der Stadt hat der Streit um diese Inklusion nicht zuletzt die Form der Auseinandersetzung um öffentliche versus private Räume angenommen. Netzwerke operieren jedoch wesentlich über die Unterscheidung von Inklusion und Exklusion. Das heißt, sie schließen aus, um einschließen zu können, und bewältigen so den Sinnüberschuss elektronischer Medien. Dieser Sinnüberschuss, gekennzeichnet durch die Instantaneität, Konnektivität und Granularität der Kommunikation, erfordert beschleunigte Kontrolloperationen (Luhmann 1997, 412), die, so die Annahme, nur durch bewegliche Netzwerke geleistet werden können, die sich an Identitäten orientieren, denen sich Personen, aber auch Orte, Geschichten, Praktiken, Konventionen und Institutionen zuordnen. Die soziologische Theorie, die diese Netzwerke genauer beschreibt, ist erst in Ansätzen erkennbar (White 1992, 2008; Latour 1996, 2007), doch ist bereits deutlich, dass diese aus heterogenen Elementen bestehenden Netzwerke mit ihrem Fokus auf relationale Identitäten eine mächtige Funktion darstellen, um die Rechenkapazitäten der elektronischen Medien auf Lebensformen der Menschen und Ordnungsformen der Gesellschaft beziehen zu können.

Der Grundgedanke ist allerdings gewöhnungsbedürftig. Harrison C. White und Bruno Latour stellen sich vor, dass nicht nur Menschen und Organisationen an sozialen Beziehungen teilnehmen, sondern auch andere „Akteure" wie eben Orte, Geschichten, Praktiken und so weiter. Deren Beziehungen untereinander sowie zu den Personen und Organisationen, die sich darauf einlassen, konstituieren eine jeweils hoch spezifische Identität, zu der sich alle Elemente mit ihren Identitäten in ein Verhältnis setzen. Gewöhnungsbedürftig ist dieser Gedanke nicht nur deswegen, weil er nicht-menschliche Akteure kennt (die der Humanismus in der Gestalt von Göttern, Geistern und Teufeln mit Bedacht aus der Kommunikation vertrieben hatte), sondern auch deswegen, weil jeder dieser Akteure seine Identität nicht etwa in das Netzwerk mitbringt, sondern aus dem Netzwerk bezieht. Es handelt sich um relationale, nicht etwa substanzielle Identitäten. Jede dieser Identitäten ist entsprechend prekär und kann nur durch Kontrollbeziehungen aufrechterhalten werden, auf die man sich einlässt und die man anbietet. Elektronische Medien sind nicht nur ein wichtiger Träger des Materials, auf das man zu diesem Zweck zurückgreift, sondern bieten auch die Möglichkeit, entsprechende Berechtigungen zu erteilen und zu entziehen. „Profilicity" (Moeller/D'Ambrosio 2021) heißt das Gesetz, unter dem Identitäten in Netzwerken operieren.

Die Stadt dieser nächsten Gesellschaft wird „vektorisiert", wie es jede App, die Fahrräder und Autos verleiht, über Parkplätze informiert oder andere Aktivitäten zugänglich macht (Kalmer 2021), bereits vorführt. Die Stadt wird als Informationsraum verstanden, in dem es einerseits darauf ankommt, attraktive Möglichkeiten nutzen zu können, andererseits jedoch wichtig bleibt zu wissen, worauf sich einlässt. Vielleicht kann man die Stadt am besten als Plattform verstehen, die zwar organisiert ist, aber Spielraum für weitere Organisation lässt, zwar ein Markt ist, aber auch neue Märkte erlaubt, zwar eine technische Infrastruktur liefert, aber offen für verschiedene soziale Formen ist, zwar Beziehungen vermittelt, aber dafür zunächst leere Formulare liefert, und zwar Ansprechpartner anbietet, aber auch deren Austauschbarkeit sicherstellt (Bratton 2015, 41ff.). Die Stadt wird zur Cloud, wenn nicht sogar zum Fog, in der vernetzende Algorithmen für verschiedenste Bedarfe ausprobiert und bereitgehalten werden.

Mit anderen Worten, es ändert sich das technische Medium für mögliche Begegnungen unter Unbekannten, aber nicht die grundlegende Funktion der Stadt. Es verschiebt sich ein Großteil der Orientierung aus dem physischen Raum und bedrucktem Papier auf die Displays der im Internet angebotenen Apps einschließlich bedeutender Möglichkeiten der Echtzeit-Kommunikation. Aber das ändert nichts daran, dass jede Aktivität die Wahl zwischen der Bewegung in einem Netzwerk und dem Verlassen dieses Netzwerks hat (Stäheli 2021). Im Vergleich zur modernen Stadt und ihren öffentlichen Räumen hat man es in der nächsten Stadt allerdings mit erheblichen Exklusionseffekten zu tun. Der Zugang zu Netzwerken kann sozial geregelt und technisch sichergestellt werden. Die Grundidee der modernen Gesellschaft, die Inklusion aller und jederzeit zu gewährleisten, steht damit auf dem Spiel. Möglicherweise ist die Auseinandersetzung populistischer Politikbewegungen mit „elitären" Positionen der Verfügung über gesellschaftliche Privilegien einschließlich Macht und Reichtum bereits ein Auftakt zu den Konflikten, die um Zugänge zu Netzwerken auszutragen sein werden.

IV.

Die Substanz der Stadt ist nur noch funktional zu verstehen. Sie besteht in einer erwartbaren und wiedererkennbaren räumlichen, technischen und symbolischen Struktur, die allerdings nicht mehr auf eine mittelalterliche Zentralität von Kirche, Rathaus und Marktplatz verweist und ebenso wenig auf eine arbeitsteilige Unterscheidung von Büro-, Fabrik- und Gewerbevierteln, Wohnvierteln, Einkaufszonen und Freizeitbereichen, sondern alle Merkmale der Dezentrierung aufweist. Die Metropolregionen von Tokio (39 Mio.), Jakarta (35 Mio.), Delhi (31 Mio.), Manila (24 Mio.), São Paulo (22 Mio.), Seoul (22 Mio.), Mumbai (22 Mio.), Shanghai (22 Mio), Mexiko-Stadt (21 Mio.) und Guangzhou (21 Mio.), um nur die größten 10 zu nennen, sind mit keinem europäischen Maß zu nennen. (Erst mit Moskau, 20 Mio., London, 11. Mio., und Paris, 11 Mio., tauchen auf den Plätzen 13, 34 und 35 europäische Städte auf der Liste der größten Metropolregionen auf.) Von welcher Substanz der Stadt kann hier noch gesprochen werden?

Es bleibt beim symbiotischen Mechanismus, bei der Emanzipation von ländlichen Gemeinschaften, beim gemeinsamen Leben mit Unbekannten und bei Nachbarschaften, Berufen, Märkten und Massenmedien als Funktionen der Selbstorganisation. Aber darüber hinaus? Wie steht es um die architektonische Struktur dieser Städte? Wie ordnen sich die Räume dieser Städte, soweit sie nicht in den Vektorraum des Internets abgewandert sind? Ich habe den Eindruck, dass es ausgerechnet eine architektonische Idee ist, die die Schönheit traditioneller Räume wiederzuentdecken helfen soll, die bei der Beantwortung dieser Fragen weiterhilft. Christopher Alexander hat sein Lebenswerk, die *Pattern Language* (1977), der Frage gewidmet, wie Räume entstehen, die das Gemüt der Menschen ansprechen. Sein Ausgangspunkt ist die Entdeckung, dass Städte nicht hierarchisch zu verstehen sind (Alexander 1965). Dennoch hat er die Vorstellung eines Ganzen, das die Teile einer Stadt oder eines Hauses informiert und strukturiert, nie aufgegeben. Sein Ganzes ist jedoch ganz im Sinne der vorstehenden Überlegungen ein Teil unter anderen Teilen und strikt funktional bestimmt. In diesem Sinne ist es geeignet, die Substanz der Stadt in beliebigen Dimensionen zu bestimmen, das heißt es kann nach Belieben skaliert werden.

Sowohl sein Ganzes als auch dessen Teile, die ihm dezentral zugeordnet sind, nennt er „Zentren" (Alexander 1980–2001, Bd. 1: 33ff, 64ff., 446ff.; und Alexander 2008). Zentren sind Verdichtungen, die uns als „lebendig" ansprechen. Sie können aus weiteren Zentren bestehen und sich zu Zentren zusammensetzen. Wie kann man sich diese Zentren vorstellen? Alexander definiert sie als Orte, die eine Organisation aufweisen. Sie besitzen eine interne Kohärenz und sie verweisen auf Punkte und Orte in ihrer Umgebung, nähere und fernere. Ich würde diese Zentren deswegen als „Formen" im Sinne von Spencer-Brown (1969) verstehen, das heißt als asymmetrische Setzungen, deren Markierung eine unbestimmte („unmarked") Innenseite von einer bestimmten („marked") Außenseite unterscheiden (Kauffman 2022, 4). Man denke an Abschirmungen, wie sie Christoph Feldtkeller (1989; vgl. Baecker 1990) als funktionales Basiselement häuslicher und städtischer Architekturen bestimmt hat. Innerhalb der Abschirmung bleibt offen, was dort von wem zu tun ist, doch die Außenseite markiert sie als Wohnung, Spielplatz, Büro, Laden, Bürgersteig oder was immer.

Alexanders Zentren und Spencer-Browns Formen genügen, um die Substanz einer Stadt zu bestimmen, die, wenn man so will, nichts anderes leisten muss, als Orte in Räumen auszuweisen, diese Orte zu profilieren und anzugeben, wie man sie erreichen und, zugunsten anderer Orte, auch wieder verlassen kann. Die funktionale Substanz der Stadt besteht aus Asymmetrisierungen, die ein Erreichen von einem Verlassen zu unterscheiden erlauben. Mehr ist nicht nötig. Diese Asymmetrisierungen sind der Stoff, aus dem sich Menschen ihre Räume schaffen, Räume des Wohnens, der Arbeit, des Verkehrs und der Freizeit, so dass eine Stadt- und Regionalplanung nichts anderes zu tun hat, als diese Zentren und Formen zu registrieren, ihre Entstehung und Beibehaltung zu unterstützen und hier und da eigene Zentren und Formen anzubieten, an die weitere Ansiedelungen andocken können. Das muss nicht mehr nach dem Muster einer funktionalen Moderne rational geordnet werden, sondern es kann nach dem Muster einer Netzwerkgesellschaft als diverses und heterogenes Gewebe verstanden werden, in dem die wichtigste Aufgabe nach wie vor darin besteht, für Luft, Licht und Verkehr zu sorgen. Alles Weitere kann man der Orientierungsfähigkeit der Menschen überlassen. Die Schaffung von Wohnraum, die Auszeichnung von Gewerbeflächen und die Einrichtung öffentlicher Plätze sind demgegenüber abgeleitete, alles andere als überflüssige Aufgaben. Sie bestimmen jedoch nicht die Substanz der Stadt, sondern definieren politische Ziele ihrer Gestaltung, deren Verfolgung durch nichts garantiert ist, also in jedem Einzelfall erstritten werden muss.

V.

Die Substanz der Stadt ist ihre Medialität. Alexanders Zentren sind Spencer-Brown'sche Formen im Medium alternativer Möglichkeiten, Zentren zu bilden und sich an Zentren zu orientieren. Fritz Heiders (1926) Medienbegriff ist geeignet, diesen Sachverhalt zu formulieren. Heider beschäftigte sich mit Wahrnehmungsmedien wie Licht, Schall, Geruch, Geschmack und Berührung und definierte „Medien" als eine lose gekoppelte Menge von Elementen (Lichtwellen, Schallwellen, Duftpartikel usw.), in die „Dinge" als feste Kopplung derselben Elemente eingeprägt werden können. Diese Medien, deren Existenz im Übrigen bereits Aristoteles (*De anima*, 419a) geahnt hat, der auf eine Umgebung (*periechon*) der Dinge und ein Zwischen (*metaxy*) zwischen den Dingen und den sinnlichen Eindrücken hingewiesen hat, ohne die wir nicht sehen, hören usw. könnten, was wir sehen, hören usw., bezeichnet Heider als unsichtbar, „für uns ‚Nichts'" und „für sich selbst" ebenfalls „meist ‚Nichts'" (Heider 1926, 130). Wir sehen den Gegenstand, nicht das Licht, wir hören den Klang, nicht den Schall – auch wenn Künstler in der Malerei ebenso wie in der Musik darauf reagieren und das Licht selbst sichtbar und den Schall selbst hörbar zu machen versuchen.

Für die Stadt gilt dasselbe. Wir erleben ihre Bauten und beachten nur selten, nur unter Experten, gegen welche Alternativen in welchem Medium sie sich durchgesetzt haben. Der Raum ist das Medium für die Platzierung der Dinge in ihrem Nebeneinander und Ineinander und für die Bewegung der Dinge unter den Dingen. Die Stadt ist das Medium für die Bildung attraktiver Profile, deren Adresse und Identität kommuniziert, auf welches Netzwerk man sich einlässt, wenn man sich auf sie einlässt. Die Substanz der Stadt ist daher in ihrem Raum und an ihren Orten nicht zu fassen. Sie besteht zumindest dann, wenn man die Soziologie fragt, aus den Orientierungen, die sie ermöglicht. Diese Orientierungen sind gesellschaftlicher Art. Sie helfen Menschen, sich im Verhältnis zu Aktivitäten zu lokalisieren und zu identifizieren. Jede Orientierung ist variierbar, seitens des Netzwerks und seitens der Menschen, die sich vernetzen und entnetzen. Deswegen ist die Stadt dauernd in Bewegung, verändert sich im Tagesablauf und von Viertel zu Viertel, Straße zu Straße, Haus zu Haus. Hier bildet ein Kindergarten, dort eine Gaststätte, hier ein Park, dort ein Museum ein Zentrum, eine Form, die adressierbar ist, Dinge und Aktivitäten erreichbar macht und wieder verlassen werden kann.

Wir sehen den Gegen-
stand, nicht das Licht,
wir hören den Klang,
nicht den Schall. Für
die Stadt gilt dasselbe.
Wir erleben ihre Bauten
und beachten nur
selten, gegen welche
Alternativen in welchem
Medium sie sich durch-
gesetzt haben.

Die Stadt kommuniziert, so könnte man im Anschluss an Luhmann (1997, 195) sagen, diese Differenz von Form und Medium. Ihre Profile sind jeweils, was sie sind, aber sie sind es nur in einem Alternativenraum anderer Profile. Darin, zu guter Letzt, bestehen die emanzipatorische Wirkung der Stadt, ihre Fähigkeit zur Selbstorganisation und ihr symbiotischer Mechanismus, der Mensch und Gesellschaft auf ein Verhältnis im physischen und im virtuellen Raum festlegt, aber offen lässt, welches Verhältnis dies sein und bleiben kann.

Eine Minimalformulierung für die funktionale Substanz der Stadt 4.0 lässt sich in der Notation des Formkalküls von Spencer-Brown notieren:

Die Ausgangsunterscheidung, ‹Zentren›, steht unter einem *cross*, das die Innenseite der Unterscheidung zugunsten einer Markierung der Außenseite negiert. Zentren sind nur das, was sie sind, weil sie als ‹Profile› adressiert und abgefragt werden, die von ‹Rechnern› registriert, protokolliert und programmiert werden, die sich in der ‹Gesellschaft› behaupten. Diese Gesellschaft vernetzt wirtschaftliche, politische, rechtliche, religiöse, ästhetische, pädagogische und andere Interessen und Hinsichten der Selbstorganisation der Stadt. Ändert sich eine dieser Hinsichten und Interessen, kommen andere Rechner, Programme und Algorithmen ins Spiel, die andere Profile aufrufen und andere Zentren suchen.

Hinter dieser Form steckt keine neue Einsicht. Sie bringt nur auf den denkbar knappsten Nenner, auf welchen Eigenwert sich die rekursiven Funktionen bringen lassen, die die Stadt als Stadt ausdifferenzieren und reproduzieren. So vielfältig die Wirklichkeit einer Stadt, so wiedererkennbar ist – sollte diese These zutreffen – ihr Eigenwert. Zentren sind Zentren im Raum; Profile sind Profile in Netzwerken; Rechner sind Rechner in elektronischen (und anderen) Medien; die Gesellschaft ist, was sie ist, ein offener, sich selbst beschränkender Horizont möglicher Kommunikation. Jede dieser Variablen steht unter einem *cross*, deren Zusammenhang sich zugunsten der hier unmarkierten Außenseite, *n*, negiert. Auch diese Aussage ist nicht neu. Sie bringt nur zum Ausdruck, dass die Ökologie des Planeten, derer wir nicht mehr kosmologisch und nicht mehr historisch gewiss sein können, der Stadt übel mitspielen wird, wenn sie keine Mittel und Wege findet, ihrem Ressourcenverbrauch, ihrer Flächenversiegelung und ihrer Ermutigung der Ausbeutung von Mensch und Natur Einhalt zu gebieten.

Sollten die hier zusammengestellten Überlegungen eine etwas bessere Übersicht über gesellschaftliche Randbedingungen des Lebens der Städte ermöglicht haben, wäre ein Geringes gewonnen. Der Beitrag der soziologischen Theorie bestünde darin, eine Sprache zur Verfügung zu stellen, in der über die Stadt in der Stadt gesprochen wird.

Literatur

Alexander, Christopher (1965): „A City is Not a Tree", in: *Architectural Forum* 122, Heft 1, 58–61, und Heft 2, 58–62.

Alexander, Christopher et al. (1977): *A Pattern Language: Towns, Buildings, Constructions*, New York: Oxford University Press; dt.: *Eine Muster-Sprache*, hg. von Hermann Czech, Wien: Löcker, 1995.

Alexander, Christopher (1980–2001): s. *The Nature of Order: An Essay on the Art of Building and the Nature of Universe*, 4 Bde., Berkeley, CA: The Center for Environmental Structure.

Alexander, Christopher (2008): „Empirical Findings from The Nature of Order", in: *Environmental & Architectural Phenomenology Newsletter* 18, 11–19 (https://www.livingneighborhoods.org/library/empirical-findings.pdf).

Aristoteles (1995): „Über die Seele", in: ders.: *Philosophische Schriften in sechs Bänden*, Bd. 6, dt. Hamburg: Meiner.

Baecker, Dirk (1990): „Die Dekonstruktion der Schachtel: Innen und Außen in der Architektur", in: Niklas Luhmann / Frederick D. Bunsen / Dirk Baecker: *Unbeobachtbare Welt: Über Kunst und Architektur*, Bielefeld: Haux, 67–104.

Baecker, Dirk (2007): *Studien zur nächsten Gesellschaft*, Frankfurt a. M.: Suhrkamp.

Baecker, Dirk (2018): *4.0 oder Die Lücke die der Rechner lässt*, Leipzig: Merve.

Benjamin, Walter (1935): „Paris, die Hauptstadt des XIX. Jahrhunderts", in: ders.: *Illuminationen: Ausgewählte Schriften*, Frankfurt a. M.: Suhrkamp, 1961, 185–200.

Benjamin, Walter (1938/40): „Charles Baudelaire: Ein Lyriker im Zeitalter des Hochkapitalismus", in: ders.: *Gesammelte Schriften*, Bd. I, Frankfurt a. M.: Suhrkamp, 1974, 509–690.

Bratton, Benjamin H. (2015): *The Stack: On Software and Sovereignty*, Cambridge, MA: MIT Press.

Cassirer, Ernst (1910): *Substanzbegriff und Funktionsbegriff: Untersuchungen über die Grundfragen der Erkenntniskritik*, Nachdruck Darmstadt: wissenschaftliche buchgesellschaft, 1980.

Castells, Manuel (1996): *The Rise of the Network Society*, Oxford: Blackwell.

Feldtkeller, Christoph (1989): *Der architektonische Raum – eine Fiktion: Annäherung an eine funktionale Betrachtung*, Braunschweig: Vieweg.

Graeber, David, und David Wengrow (2021): *The Dawn of Everything: A New History of Humanity*, o. O.: Penguin.

Grassé, Pierre-P. (1959): „La Reconstruction du nid et les Coordinations Inter-Individuelles chez Bellicositermes Natalensis et Cubitermes sp: La théorie de la Stigmergie: Essai d'interprétation du Comportement des Termites Constructeurs", in: *Insectes Sociaux* 6, 41–82.

Heider, Fritz (1926): *Ding und Medium*, Nachdruck Berlin: Kulturverlag Kadmos, 2005.

Heinrich, Klaus (1987): *tertium datur: Eine religionsphilosophische Einführung in die Logik*, 2., verb. Aufl., Basel: Stroemfeld.

Hilpert, Thilo (Hg.) (1984): *Le Corbusiers „Charta von Athen": Texte und Dokumente*, kritische Neuausgabe, Braunschweig: Vieweg.

Kalmer, Marion (2021): *Die neue (Echtzeit-)Ordnung der Städte: Wie digitale Anwendungen den Stadtraum re-organisieren*, Bielefeld: transcript.

Kauffman, Louis H. (2022): „Laws of Form: A Survey of Ideas", in: ders. et al. (Hg.): *Laws of Form – A Fiftieth Anniversary*, Singapore: World Scientific, 1–88.

Latour, Bruno (1996): „On Actor-Network Theory: A Few Clarifications", in: *Soziale Welt* 47, 369–381.

Latour, Bruno (2007): *Eine neue Soziologie für eine neue Gesellschaft: Einführung in die Akteur-Netzwerk-Theorie*, dt. Frankfurt a. M.: Suhrkamp.

Latour, Bruno (2018): *Das terrestrische Manifest*, dt. Berlin: Suhrkamp.

Luhmann, Niklas (1974): „Symbiotische Mechanismen", in: Otthein Rammstedt (Hg.): *Gewaltverhältnisse und die Ohnmacht der Kritik*, Frankfurt a. M.: Suhrkamp, 107–131.

Luhmann, Niklas (1997): *Die Gesellschaft der Gesellschaft*, Frankfurt a. M.: Suhrkamp.

Marx, Karl (1867): *Das Kapital: Kritik der politischen Ökonomie*, Bd. 1, Berlin: Dietz, 1980.

McLuhan, Marshall (1964): *Die magischen Kanäle: Understanding Media*, dt. Dresden: Verlag der Kunst, 1995.

Moeller, Hans-Georg, und Paul J. D'Ambrosio (2021): *You and Your Profile: Identity After Authenticity*, New York: Columbia University Press.

Park, Robert E., Ernest W. Burgess und Roderick D. McKenzie (1925): *The City,* Reprint with an Introduction by Morris Janowitz, Chicago: Chicago University Press, 1967.

Siebel, Walter (Hg.) (2004): *Die europäische Stadt*, Frankfurt a. M.: Suhrkamp.

Simmel, Georg (1900): *Philosophie des Geldes*, *Gesamtausgabe*, Bd. 6, Frankfurt a. M.: Suhrkamp, 1989.

Simmel, Georg (1903): „Die Großstädte und das Geistesleben", in: ders., *Gesamtausgabe*, Bd. 7: „Aufsätze und Abhandlungen 1901–1908", Bd. I, Frankfurt a. M.: Suhrkamp, 1995, S. 116–131.

Spencer-Brown, George (1969): *Laws of Form*, 5., intern. Ausg., Leipzig: Bohmeier, 2008.

Stäheli, Urs (2021): Soziologie der Entnetzung, Berlin: Suhrkamp.

Tarde, Gabriel (1895): *Die Gesetze der Nachahmung*, dt. Frankfurt a. M.: Suhrkamp, 2009.

Weber, Max (1921): *Wirtschaft und Gesellschaft: Grundriß der verstehenden Soziologie*, 5., rev. Aufl., besorgt von Johannes Winckelmann, Studienausgabe, Tübingen: Mohr, 1990.

White, Harrison C. (1992): *Identity and Control: A Structural Theory of Action*, Princeton, NJ: Princeton University Press.

White, Harrison C. (2008): *Identity and Control: How Social Formations Emerge*, 2. Aufl., Princeton, NJ: Princeton University Press.

Die Substanz der Stadt

Katrin Albrecht

Vom Profil zur Zone. Zur Darstellung und Wahrnehmung von Straßenraum

Der französische Schriftsteller Gustave Kahn erörterte die Kunst des Städtebaus in seinem 1901 erschienenen Buch *L'Esthétique de la rue* am Beispiel der Straße.[1] Im ersten Teil blickte er in die Geschichte zurück: von der „rue morte" Pompeijs über die „rue immobile" der arabischen Souks zur „rue qui marche", den Kanälen von Venedig oder Amsterdam, ohne die Brücken, Märkte, Plätze, Passagen und Galerien auszulassen. Im zweiten Teil formulierte er seine Gedanken zur Straße der Gegenwart. Er ging davon aus, dass die Stadt eine Ansammlung von Straßen sei, das bedeutet: von aktiven, lebendigen Orten des Verkehrs und des Austauschs, ohne die eine Stadt verkümmern würde. Die Straße definierte er so als zentrales Element des Städtebaus, das im Wesentlichen von äußeren, durch Gestaltung nicht kontrollierbaren, nicht-ästhetischen Bedingungen bestimmt werde. Dieser Widerspruch bewog Kahn, am Ende seiner Abhandlung zu fragen, ob es eine „Kunst der Straße" überhaupt gebe: Ja, so sein Fazit, ob sich die Kunst aber tatsächlich manifestieren könne, hänge von Kräften außerhalb der Kunst ab; als Beispiele nannte er die Gesetzgebung und die Gewohnheit, die beide die „Architektur der Straße tyrannisieren" würden.[2]

Kahn verarbeitete das damals virulente Thema der Stadtbaukunst in literarischer Form – zu einer Zeit, als noch kein motorisierter Individualverkehr, sondern vornehmlich Menschen, Pferde, Fuhrwerke, erste elektrische Straßenbahnen und Fahrräder die städtischen Straßen an die Grenze ihrer Belastbarkeit brachten. Mit seinem spezifischen Fokus lieferte er einen bemerkenswerten Beitrag zur Theorie des modernen Städtebaus, die sich in der zweiten Hälfte des 19. Jahrhunderts im Zuge der stark expandierenden europäischen Städte als eigenständiges Wissensgebiet allmählich herausgebildet hatte. Bis heute haben die Überlegungen Kahns angesichts der Marginalisierung der Straße als Schlüsselelement des Städtebaus sowie des Straßenraums als wichtigem Ort öffentlichen Lebens nicht an Aktualität verloren, obwohl – oder gerade weil sich die Bedeutung, die der Straße heutzutage in der Planung und der Wahrnehmung von Stadtraum zugestanden wird, auf ein Maximum abgestumpft hat.

In der Rückschau auf historische Darstellungen von Straßenraum lassen sich die Relevanz der Straße und die unterschiedliche Wahrnehmung ihrer stadträumlichen Qualitäten im Wandel der Zeit rekonstruieren. Parallel zu technischen und medialen Entwicklungen, etwa neuen Drucktechniken und Bildmedien wie der Fotografie, entfaltete sich im 19. und 20. Jahrhundert eine Reihe zeittypischer Darstellungsmodi, die exemplarisch zeigen, wie sich Darstellung und Wahrnehmung von Stadtraum im Laufe der Jahre verändert haben, und umgekehrt, wie die Vorstellung von Stadt und Städtebau durch

Abbildungen vermittelt und schließlich auch wieder geprägt wird. Während der Blick zurück indirekt ein Schlaglicht auf den gegenwärtigen, einseitig begründeten und oft unreflektierten Umgang mit Straßenraum wirft, verdeutlichen die Abbildungen gleichzeitig, wie Darstellung, Gestaltung, Wahrnehmung und Erfahrung von Raum zusammenspielen und in dieser Wechselwirkung auf den Bau von Realität einwirken.

Unabhängig vom Medium sind Darstellungen immer verbunden mit Aussagen, die gelesen und interpretiert werden können. Abbildungen schaffen Evidenz, die aus einer bestimmten Sichtweise heraus entsteht und ihrerseits das Ergebnis von Wahrnehmungsprozessen, Analysen und Erkenntnissen ist. Abbildungen sind folglich, in welcher Form immer, Teil eines kontinuierlichen Kreislaufs, in dem sich Schauen, Zeigen und Erkennen unaufhörlich ablösen. Nicht von ungefähr fügten Giambattista Nolli und seine Mitarbeiter am Rand ihrer 1748 gestochenen topografischen Karte von Rom vier geflügelte Gehilfen hinzu, die am Fuß des Kapitols neben antiken Säulenbasen mit Zollstock, Zirkel, Messlatte und Zeichentisch hantieren.[3] Die Putti sind Teil des großen Plans und für die Analyse und Lektüre der Stadt unverzichtbar. Beiläufig weist der allegorische Nebenschauplatz so auf den Stellenwert von Aufnahme und zeichnerischer Übersetzung bei der Erfassung von Stadtraum hin.

Die Straße im Profil

In der zweiten Hälfte des 19. Jahrhunderts begann sich der moderne Städtebau aus den damaligen Bedürfnissen und Nöten, insbesondere der Wohnungsnot, den prekären hygienischen Verhältnissen, dem Spekulationsdruck und den Verkehrsproblemen der immer größer werdenden Städte, als autonome Disziplin zu etablieren. 1862 verfasste James Hobrecht für Berlin einen Stadterweiterungsplan, der das erwartete Wachstum der Stadt mit einem über ein ausgedehntes Gebiet angelegten System von Straßen, Plätzen und Baublöcken vorwegnahm. Der Plan beinhaltete keine Angaben zur Höhe, Aufteilung oder Gestaltung der Bebauung, sondern war ein zweidimensionaler Fluchtlinienplan, der das Stadtgebiet in der Fläche organisierte. Um auch andernorts die ungestümen baulichen Entwicklungen regulieren zu können, erließ die preußische Regierung 1875 das Fluchtlinien-Gesetz, womit eine einheitliche Planungsgrundlage geschaffen wurde. Diese ging über technisch-normative Vorschriften aber nicht hinaus. Bezüglich der Anlage von Straßen sah sie nur Mindestbreiten vor, immerhin wurden für deren Festlegung jedoch Querschnittprofile eingefordert.

Das neue Planungsinstrument wandte Josef Stübben im Stadterweiterungsplan für Köln in den 1880er Jahren bereits mustergültig an, indem er sein Ringstraßenprojekt übersichtlich mit den verlangten Profilen darstellte. Diesen Lageplan publizierte er 1890 in seinem Handbuch *Der Städtebau*, das sich dank der außergewöhnlich vielen, gut verständlichen Abbildungen interna-

tional rasch verbreitete. Es enthält mehr als 160 Zeichnungen
von zeitgenössischen Straßenquerschnitten, die die Funktionstüch-
tigkeit und Wirkung von Straßen unterschiedlicher Breite aufzei-
gen, denn er war überzeugt, dass die Bedeutung einer städtischen
Straße am deutlichsten in der Behandlung des Querprofils zum
Ausdruck komme: Die Wahl des richtigen Profils sei deshalb eine
wichtige Aufgabe und müsse den örtlichen Verhältnissen Rechnung tragen.[4]

Auf Studienreisen durch Europa fertigte er aus eigener
Anschauung zahlreiche Reiseskizzen an, die dokumentieren, wie
er das Straßenprofil systematisch als Arbeitsmittel verwendete,
um die Straßenräume festzuhalten und mit jenen anderer Städte
vergleichbar zu machen. Mit der Methode des Aufnehmens und
Nebeneinanderstellens gleicher Elemente knüpfte er an ein wissen-
schaftliches Vorgehen an, das im enzyklopädischen 19. Jahrhundert in allen Fachgebieten eine Blütezeit erfuhr. Stübben perfek-
tionierte es für den Städtebau, indem er alle Profile in gleichem
Maßstab darstellte und sie kategorisierte, um verschiedene Aspekte
wie die Dimensionierung von Vorgärten, Geh- und Fahrbahnen,
den Platzbedarf von Verkehrsmitteln oder die Nutzung der ver-

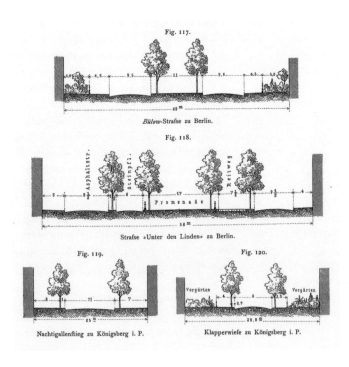

Abb. 1 Straßenprofile, 1890

Katrin Albrecht

schiedenen Straßenbereiche hervorzuheben. Die Zeichnungen sind einfach, klar kodifiziert und immer mit den wichtigsten Maßen versehen. Entgegen dem ersten Eindruck enthalten sie keine Angaben zu Gebäudehöhen, d. h. die schraffierten, seitlich den Straßenraum begrenzenden Flächen sind bei genauem Hinsehen sowohl nach oben wie unten unbestimmt. Diese Tatsache wird erst im Kontext des Fluchtlinien-Gesetzes verständlich. Die Schraffuren stellen keine Gebäude dar, sondern die maximal zulässige Ausdehnung eines Baublocks, den es gestalterisch noch zu definieren gilt – für die Lesart der Zeichnungen ein nicht unerhebliches Detail, da sie die Klärung des Verhältnisses von Straßenbreite zu Gebäudehöhe voraussetzt. Dank der Systematik sowie der Fülle und Verbreitung von Stübbens Profilen waren diese im Städtebau bald ein unverzichtbarer Darstellungsmodus, der zeichnerisch fortlaufend weiterentwickelt sowie zeit- und länderspezifisch adaptiert wurde. Mit der Konzentration auf den Querschnitt und dessen wissenschaftliche Präzisierung veränderte sich an der Wende zum 20. Jahrhundert auch die Sicht auf die Stadt und auf städtebauliche Fragen. Nach der Arbeit in der Fläche hatte man sich über den Schnitt gewissermaßen im Raum aufgerichtet, um die Straße und mit ihr die Stadt in allen drei Dimensionen planmäßig zu erfassen.

Die perspektivische Straße

Einen Schritt weiter ging der britische Städtebauer und Mitbegründer der Gartenstadtbewegung Raymond Unwin. In seinem ebenfalls breit rezipierten Handbuch *Town Planning in Practice* von 1909 präsentierte er eine von der bisher gängigen Darstellungsweise abweichende Vorstellung von Straßen, indem er Grundriss, Schnitt und perspektivische Ansicht in einem Bildfeld synthetisch zusammenfasste.[5] Im Grundriss werden die Funktionen der verschiedenen Straßenbereiche gezeigt und Materialien mit Texturen angedeutet, Maßangaben gibt es nur sporadisch. Über dem Grundriss liegt eher unscheinbar die Schnittlinie. Darüber ermöglicht eine perspektivische Ansicht den Blick in den Straßenraum: in der Tiefe sind Kurven, Verzweigungen, Höhenunterschiede und Bauwerke im Fluchtpunkt zu erkennen. Anstatt auf das Profil richtete sich die Aufmerksamkeit auf die flankierende, abwechslungsreich gegliederte Bebauung, Baumreihen und Fahrzeuge. Dies ist auf die beiden Hauptfunktionen zurückführen, die Unwin dem Element Straße zuschrieb: Zum einen diene sie dem Verkehr, zum andern den Grundstücken und Gebäuden, die sich zur Straße hin ausrichteten. Wie der Platz solle auch die Straße eine geschlossene Wirkung haben, wobei es monotone Straßenbilder durch die Staffelung der Baukörper, Einfriedungen oder eine zielgerichtete Blickführung zu vermeiden gelte. Nebst der Gestaltung der Straße sei ihre Klassifizierung in Verkehrs- und Wohnstraßen zentral. Dadurch werde sie nicht überdimensioniert, sondern könne an tatsächliche Bedürfnisse angepasst werden. Auf diese Weise ließen sich wiederum die Kosten im Straßenbau senken und der Druck auf Bodenrendite verringern, was idealerweise eine weniger dichte Bebauung der Grundstücke ermögliche.

Unwin propagierte damit den spezifischen Straßentypus von Gartenstädten, die mit seinen Planungen für Letchworth, Earswick und Hampstead ab 1904 erstmals eine Umsetzung fanden. In seinen Zeichnungen ist folglich eine reale Situation abgebildet, ebenso dienen sie als Anleitung für künftige Projekte. Die mit Fotografien ergänzten Abbildungen betonen die visuelle Wirkung von Stadträumen, indem sie den Akzent vom Grafischen der Plandarstellung hin zu einer individuellen, räumlich-perspektivischen Wahrnehmung verlagern. Sie versuchen, eine Kohärenz zwischen dem konstruierten Plan und der tatsächlichen Anschauung herzustellen und über das Bild den erfahrbaren Raum zu antizipieren.

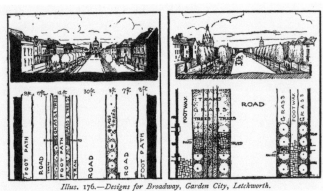

Illus. 176.—Designs for Broadway, Garden City, Letchworth.

Abb. 2 Grundrisse und Schnittansichten von Straßentypen für Gartenstädte, 1909

Die Straße als Bewegungsraum

Mit der Verbindung von Plan und Bild zeichnete sich ein Wandel in der Darstellung von Stadtraum ab. Perspektivzeichnungen und Fotografien avancierten zu beliebten Darstellungsmitteln, die häufig als Beweisführung eingesetzt wurden, um die plastische Wirkung einer auf dem Papier erarbeiteten Planung zu belegen. Mit dem Aufkommen neuer Reproduktionstechniken eröffneten sich neuartige Bildbeziehungen, die rege erprobt wurden. Paul Schultze-Naumburg etwa begann nach der Jahrhundertwende die Fotografie früh als einfache, schnelle Methode der Bildherstellung zu verwenden. Seinen präzis fokussierten Aufnahmen von Straßenzügen fügte er jeweils kleine Grundrisse hinzu, um deren Lesbarkeit zu erhöhen. Wie seine Gegenüberstellungen von „guten" und „schlechten" Beispielen zeigen, erkannte er auch früh das propagandistische Potenzial des neuen Mediums.[6] Albert Erich Brinckmann nutzte die Fotografie in seinem Buch *Platz und Monument* von 1908 ebenfalls explizit, um die zweidimensionale Planungswirklichkeit mit der dreidimensionalen Raumerfahrung zu verknüpfen.

Katrin Albrecht

Perspektivische Ansichten – von der Handskizze über geometrische Zeichnungen, Fotografien bis zu computergenerierten Bildern – scheinen damals wie heute gerade bezüglich der sinnlich-subjektiven Wahrnehmung von Stadt- und Landschaftsraum ein überzeugendes Darstellungsmittel zu bieten. Sie zeichnen eine vertraute Seherfahrung nach, Fotografien und hyperrealistische Renderings vermitteln außerdem ein vermeintlich naturgetreues Abbild der Wirklichkeit. Sie haben den Vorzug, dass sie die Heterogenität plastischer Ensembles, Materialität und die komplexen Verhältnisse von Licht und Schatten, Höhen und Tiefen, Nähe und Ferne detailreich und stimmungsvoll wiederzugeben vermögen. Das hat jedoch seinen Preis: Zufällig ins Bild geratene Motive erhalten eine unbeabsichtigte, nur über Bildmanipulation kontrollierbare Wichtigkeit; zu viele oder nebensächliche Details lenken von der eigentlichen Bildaussage ab. Vor allem aber steht das ausschnitthafte, perspektivische Sehen – der Blick durch das Kameraobjektiv oder der im Bildprogramm definierte Standpunkt – im Widerspruch zur Dynamik der Wahrnehmung von Stadtraum. Diesem Dilemma begegnete man zunächst mit Bildfolgen, die den umherschweifenden Blick und die Bewegung des Menschen im Raum als Reihe einzelner, statischer Bilder erfassten. Ähnlich einer filmischen Sequenz suggerierten orchestrierte Bildfolgen so den Gang durch einen städtischen Raum. Der Versuch, aus vereinzelten Fragmenten ein Gesamtbild zusammenzufügen, zeugte vom Bewusstsein für die nur schwer fassbare Komplexität städtischer Gefüge und ebenso von der Bedeutung, die der Raumwahrnehmung damals zukam.

Die suggestiven Bilder wurden seit jeher auch kontrovers diskutiert: Das Wesen des Städtebaus lasse sich nicht so einfach auf einer Bildfläche darstellen, da es gerade bei der Erfahrung von Stadträumen um die plastische Wirkung gehe, deren Reize erst im Umherwandeln, durch das Abtasten mit fortbewegenden Augen, zu erkennen seien, so Cornelius Gurlitt.[7] Perspektivische Ansichten kamen für ihn höchstens infrage, um die räumliche Tiefenwirkung einer Straße zu erfassen. Zu trügerisch, zu verführerisch, zu oberflächlich, zu wenig präzis seien sie – ein Vorwurf, der heute umso mehr geltend gemacht werden könnte angesichts einer Bildproduktion, deren technische Perfektion kaum mehr einen Unterschied zwischen Entwurf und gebauter Realität feststellen lässt und deren atmosphärische Imagination oft wie eine Blendung für die wesentlichen räumlichen Fragen wirkt. Für Gurlitt stand fest: Die räumliche Illusion vernichtet den Raum. Als einzig richtige Darstellungsform anerkannte er im Städtebau das Modell und den zweidimensionalen, maßstäblichen Plan, denn wer sich fachkundig in einen Plan vertiefe, könne daraus alle Möglichkeiten des Handelns ablesen.

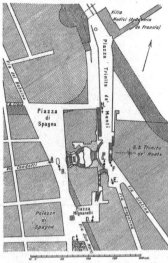

Abb. 39 / Blick auf die Spanische Treppe von Punkt A im Plan Abb. 38

Abb. 38 / Piazza di Spagna und Umgebung. Der Spanische Platz mit der spanischen Treppe verbindet in der großartigsten Weise die Via Babuino und die Via Sistina, zwei der schnurgraden Straßen mit denen der Papst Sixtus V. und sein Architekt Fontana am Ende des 16. Jahrhunderts viel geistvoller als später Napoleon III. und Haussmann eine Weltstadt durchpflügten.

Abb. 41 / Piazza di Spagna, gesehen von Punkt B in Abb. 38

Abb. 40 / Piazza Mignanelli, gesehen von Punkt D in Abb. 38. Die Treppe verbindet den Platz mit der 22 m höher gelegenen Piazza Trinita de Monti.

Abb. 39a / Die Spanische Treppe nach einer Zeichnung von Franz Herding (für „Architects Handbook of Civic Art" von Hegemann und Peets): Diese etwas kräftiger gehaltene Zeichnung möge hier Platz finden, um die stark gliedernde Wirkung der beiden Stufengelände auf der Treppe gegenüber dem von Otto Bünz gegebenen Zustande darzustellen.

18

Abb. 3 Bildfolgen mit Lageplan aus einer städtebaulichen
Studie für Rom von Otto Bünz, 1925

Der visionäre Straßenraum

Die Renderings, die Hugh Ferriss vor rund hundert Jahren noch ohne automatisierte Bildprogramme, aber mit viel Vorstellungskraft und handwerklichem Können erarbeitete, rückten die großstädtische Straße, im Zusammenhang mit der starken Zunahme des Verkehrs und dem Aufkommen neuer Verkehrsmittel, in den Fokus. Im Auftrag des Architekten Harvey Wiley Corbett fertigte er 1922 je vier Modellschnitte und perspektivische Ansichten an, um ein Szenario für die Lösung der prekären Verkehrsverhältnisse in den engen Straßen New Yorks zu entwerfen. Die Zeichnungen präsentieren die schrittweise Entwicklung des Straßenraums durch die Potenzierung der Straßenfläche, indem Fußgänger vom Autoverkehr getrennt, Verkehrswege geschichtet und die Hochhäuser im Sockelbereich mit Gehwegen und Arkaden räumlich erweitert werden. Während die geschwärzten Schnitte die offensichtlich knappe Verkehrsfläche im Verhältnis zur Baumasse zeigen, werden in den tiefengestaffelten Ansichten die Dichte und räumliche Durchdringung, die belebten Straßen und die Geschwindigkeit von Fahrzeugen und Menschen spürbar. Mit der Entflechtung und vertikalen Organisation des Verkehrs widmeten sich Ferriss und Corbett einem damals in Amerika vieldiskutierten Thema, das in den 1920er und 1930er Jahren auch im europäischen Städtebau einen lauten Widerhall fand.[8]

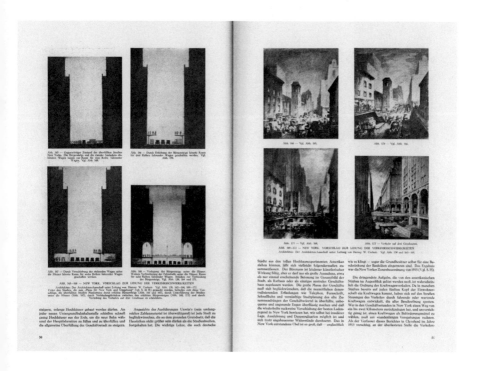

Abb. 4 Zukünftige Stadtentwicklung New Yorks in vier Schritten, dargestellt in Schnitt und perspektivischer Ansicht von Hugh Ferris

Ferriss war in New York für zahlreiche Architekturbüros als Zeichner tätig. In deren Auftrag entwarf er stimmungsvolle Projektansichten und futuristisch anmutende Stadtvisionen, so etwa die Nachtansicht, die den Blick von oben auf die Schlucht einer Hochhausstadt freigibt: im Vordergrund im Dunkeln sind die Plattformen einer startbereiten Fliegerstaffel zu sehen, unten, hell erleuchtet, die mehrfach übereinander gelagerten Verkehrsstraßen, vorne links das Stahlskelett einer Baustelle, zuoberst auf Augenhöhe das Heck eines Passagierflugzeugs. In solchen utopischen Projekten wird die Einführung einer neuen Perspektive und eines neuen Maßstabs in der Wahrnehmung von Stadtraum ersichtlich. Keineswegs zufällig entstanden die Renderings parallel zu wegweisenden Filmprojekten wie *Metropolis* (1927) oder *Just Imagine* (1930), für deren Filmsets sehr aufwändige, monumentale Stadtmodelle entworfen und physisch gebaut wurden – um davon erneut, nunmehr bewegte Bilder anzufertigen, welche die Illusion vermittelten, selbst durch den Straßenraum zu fliegen. Diese Eindrücke wirkten ideell wieder auf den Bau und die Wirklichkeit der Stadt zurück.

Abb. 5a Szenenbild aus dem Film *Just Imagine*, 1930,
Regie: David Butler, Fox Picture

Abb. 5b Bau des Stadtmodells für den Film *Metropolis*,
1927, Regie: Fritz Lang, Parufamet

Die Enträumlichung der Straße

Mit einem weiten Sprung über einschneidende Transformationen der Stadt hinweg – besonders die funktionalen und autogerechten Stadtkonzepte, die den Straßenraum ab Mitte des 20. Jahrhunderts durch die Vereinzelung der Baukörper und die Priorisierung des Verkehrs komplett umdeuteten – stellt sich heute mehr denn je die Frage, wie Straßenraum zur Darstellung gebracht wird und wie diese unsere Wahrnehmung von Stadtraum widerspiegelt. Als Indiz für die gegenwärtige Bewertung und Handhabung der Straße sowie den Verlust ihrer räumlichen Qualitäten erscheinen der Zonenplan und der Begriff der „Zone". Nachdem in der Schweiz ab den 1950er Jahren einzelne Gemeinden begonnen hatten, erste Zonenpläne auszuarbeiten, erhielten diese mit der Einführung des Raumplanungsgesetzes 1979 eine landesweit verbindliche Grundlage. Damit wurde ein dringend benötigtes und nützliches Planungsinstrument geschaffen, mit dem Ziel, der ungezügelten Zersiedelung und Bauwut auf dem Land wie in den Städten entgegenzutreten. Obwohl die „Raumordnung" als Ziel formuliert und der Akzent auf den „Raum" gelegt wurde,[9] bleibt beim Zonenplan der Aspekt des Raums paradoxerweise ausgeklammert: Denn eine Zone stellt die Frage nach dem Raum nicht. Sie teilt Flächen in verschiedene Nutzungen ein, die mit normativen Werten und Vorschriften, etwa zur Anzahl der Geschosse, zur Ausnutzung, zu Abständen, zur Abgrenzung von Nichtbaugebieten oder Ausweisung von Kernzonen, verknüpft sind. Dem Denken in Zonen liegt keine räumliche Vorstellung zugrunde, es kann daher zu keiner räumlichen Gestaltung führen. Trotzdem hat es sich im Planungsverständnis fest eingenistet und in der Gestaltung unseres Lebensraums sichtbar eingeschrieben, uns vielleicht auch blind dafür gemacht, in welchen Räumen wir uns tatsächlich bewegen. Geradezu sinnbildlich ist die faktische Zonierung des Straßenraums durch Linien, Farben und zuweilen auch unterschiedliche Beläge, die verschiedene Flächen abgrenzen und in Gevierte aufteilen, Schriftzüge und Schilder sind nötig, um die beabsichtigte Nutzung oder Verbote anzuzeigen. Der Gang entlang der Straße wird so nicht durch raumwirksame Elemente lesbar und erfahrbar, sondern ist anhand abstrakter Symbole, Diagramme und Zeichen organisiert.

Doch eine Straße „will ein Bauwerk sein und nicht nur eine Straße", das stand zumindest für Louis Kahn fest, als er 1959 am letzten der Congrès Internationaux d'Architecture Moderne in Otterlo seine Rede hielt: „Das ist eine Erkenntnis. Wenn man sie sich nur als Straße vorstellt, wird es einem niemals einfallen, für ihren Bau etwas anderes als das Allerdürftigste zu verwenden;

denn man wird sie ja nicht sehen."¹⁰ Man müsse sie sich darum als das vorstellen, was sie eigentlich sein wolle: ein Bauwerk. Während sich Kahn auf das bezog, was unterhalb der Straßenfläche liegt, beschrieb Bernard Rudofsky zehn Jahr später in seinem Buch *Streets for People* das Pendant oberhalb dazu: „[...] die Straße ist keine Fläche, sondern ein Raum. Sie kann nicht in einem Vakuum existieren; immer ist sie mit ihrer Umgebung untrennbar verbunden. [...] sie ist nicht besser als die Gesellschaft der Häuser, mit denen sie verkehrt."¹¹ Beide Aussagen gehen von der räumlichen Vorstellung und Gestaltung der Straße als einer ausdrücklich künstlerischen Frage aus.

Die Straße ist eine ideelle Spiegelfläche, die Raum nach unten und Raum nach oben definiert. Es ist daher nötig, das Bewusstsein für die räumlichen Qualitäten von Straße und Stadtraum zu schärfen und eine Vorstellung der raumrelevanten Elemente zu entwickeln, um über einen aussagekräftigen Darstellungsmodus auf die Gestaltung sowie die Wahrnehmung und Erfahrung von Raum einzuwirken. Die Darstellung nimmt in diesem unaufhörlichen Prozess von Analyse, Lektüre und Synthese einen zentralen Stellenwert ein.

Abb. 6 Drohnenaufnahme des Zentrums Wattwil/CH, 2021,
Bildmaterial des Moduls Analyse, ArchitekturWerkstatt St. Gallen

Katrin Albrecht

1 Gustave Kahn: *L'Esthétique de la rue*, Paris 1901, 307.

2 Vgl. ebd., 205–206 und 291.

3 Vgl. Giambattista Nolli, Pietro Campana, Carlo Nolli und Stefano Pozzi: *Alla Sanittà di Nostro Signore Papa Benedetto XIV la nuova topografia di Roma*, 1748 (Harvard Library).

4 Vgl. Josef Stübben: *Der Städtebau (Handbuch der Architektur. Vierter Teil: Entwerfen, Anlage und Einrichtung der Gebäude*, 9. Halb-Band, hg. v. Josef Durm et al.), Darmstadt 1890, 80.

5 Vgl. Raymond Unwin: *Town Planning in Practice. An Introduction to the Art of Designing Cities and Suburbs,* London / Leipzig 1909, 308–310.

6 Vgl. die 9 Bände *Kulturarbeiten* von Paul Schultze-Naumburg, München 1901–1917.

7 Vgl. Cornelius Gurlitt: *Handbuch des Städtebaues,* Berlin 1920, 11.

8 Die Zeichnungen von Ferriss fanden durch die Publikationen von Werner Hegemann große Verbreitung, vgl. ders.:, „Das Hochhaus als Verkehrsstörer und der Wettbewerb der Chicago Tribune", in: *Wasmuths Monatshefte für Baukunst,* 1924, Nr. 9–10, 296–303; ders.: *Amerikanische Architektur und Stadtbaukunst,* Berlin 1925.

9 Vgl. Martin Lendi: *Geschichte und Perspektiven der schweizerischen Raumplanung,* Zürich 2018, 186–186. In Österreich und Deutschland ist eher von Flächenwidmungsplan bzw. Flächennutzungsplan die Rede.

10 Louis I. Kahn: *Die Architektur und die Stille. Gespräche und Feststellungen,* Basel / Boston / Berlin 1993, 62.

11 Bernard Rudofsky: *Straßen für Menschen* (1969), Salzburg / Wien 1995, 14.

Sophie Wolfrum

Die Straße als Architektur

betrachtet unter den Aspekten der Performativität
und Porosität

Das Plädoyer für einen *architectonic turn* in der Urbanistik ist eine Aufforderung, Stadt architektonisch aufzufassen. Urbanistik wird dann dezidiert als ein Gebiet der Architektur behandelt. Architektur ist die Kunst, Räume zu artikulieren. Architektur gestaltet komplexe räumliche Situationen. Das gilt auch für den Maßstab der Stadt, in dem Sinne wird die Straße als ein Element der Architektur urbaner Räume betrachtet. Das monofunktionale System der Stadtplanung in der Moderne hat die Straßen der Stadt ausschließlich auf ihre Verkehrsfunktion reduziert. Es geht also um die Frage, wie diese Einschränkung mit spezifisch architektonischen Mitteln zu überwinden wäre.

Die Straße architektonisch zu betrachten und zu entwerfen, ist nichts Neues, sondern eine lange, im Städtebau geübte und reflektierte Praxis. In München sind es nicht nur die prächtigen Achsen der Residenzstadt wie die Ludwigstraße, die die Stadt prägen, sondern noch viel mehr die ganz leicht gebogenen Straßenzüge der Bürgerstadt, die auf den Entwürfen von Theodor Fischer basieren und mit dem *Staffelbauplan* von 1904 bis in die Gegenwart hinein den Charakter der Stadt ausmachen. In einem seiner wenigen Texte hat Fischer dies auch begründet: „Wir stoßen hier zum ersten Mal auf ein Erfordernis der Ästhetik, auf ein Mittel, das man der Augen wegen anwendet, d. i. der richtige Schluss einer Straßenstrecke, um den Eindruck des Räumlichen herzustellen, aber mit der ganz besonderen Betonung der Bewegungsform. Nicht das Verweilen, der Aufenthalt in diesen langen Straßenzügen liegt in unserer Absicht und in der Natur des gegebenen Raumes, sondern die Bewegung in einer Richtung. Es ist also eine psychologisch sehr naheliegende Forderung, dass ich diesem Raum ein die Augen des Wandelnden beschäftigendes Ziel gebe. Und darin kann man wohl einen ersten ästhetischen Grundsatz des Städtebaus erkennen, ohne fürchten zu müssen, auf unsicheren theoretischen und hypothetischen Boden zu treten." [1] Jeder Schritt in eine Richtung verändert den Raumeindruck und eröffnet neue Blicke, eine filmisch szenografische Inszenierung des städtischen Raums. Mit ähnlichen Argumenten diskutierte in dieser Zeit auch Cornelius Gurlitt den räumlichen Charakter „gerader oder gebogener Straßen", geprägt von den städtebaulichen Überlegungen Camillo Sittes. [2]

Die amerikanischen Parkways der 1930 Jahre wurden mit leichten Schwüngen in die Landschaft gelegt, um diese erlebbar zu machen, sie dienten auch den Ingenieuren des deutschen Autobahnbaus als Vorbild. Die A8 von München nach Salzburg (1934– 1938) wurde vom Landschaftsarchitekten Alwin Seifert nach landschaftsästhetischen Gesichtspunkten trassiert. Der inszenierte Blick auf die Alpen oder wieder hinunter auf den Chiemsee bestimmte ihren auf- und abgeschwungenen Verlauf, der heute nicht mehr den verkehrstechnischen Erfordernissen genügt: zu steil, zu umständlich, staugefährdet.

Bis in die Moderne hinein spielte die Szenographie der Landschaft, die sich im Verlauf der Straße wechselnd eröffnete, eine Rolle. Der Landschaftsarchitekt Lawrence Halprin entwickelte 1965 eine Form der Notation, die er MOTATION (movement notation) nannte, inspiriert von den Notationstechniken der Tänzerin Anna Halprin.[3] Donald Appleyard, Kevin Lynch und John Meyer skizzierten 1964 in *A View from the Road* eine graphische Notation der visuellen Erlebnisse im Verlauf einer Straße.[4] Auch könnte man die *Torres de Satélite* von Mathias Goeritz und Luis Barragán in Mexico City (1957–1958) mit ihrer starken kinetischen Wirkung in diese Versuche einordnen, mit den Bewegungen auf den neuen schnellen Straßen visuelle Erlebnisse zu erzeugen. *A View from the Road* wurde für die Biennale Rotterdam 2003 umgedeutet zu *Mobility: A Room with a View* – Mobilität als kinematographisches Projekt.

Bewegung hat immer eine gewisse Rolle als ein besonderer Modus der urbanen Erfahrung gespielt, wenn auch eher in der theoretischen Reflexion oder in einer widerständigen Praxis als in der praktischen Stadtplanung der Moderne, welche die Straßen zu bloßen Mobilitätsmaschinen degradiert hat. Denken wir an Michel de Certeau, der sagte: „Der Akt des Gehens ist für das urbane System das, was die Äußerung (der Sprechakt) für die Sprache oder für formulierte Aussagen ist."[5] Oder an die Praxis der Situationisten und deren Konzept der *Psychogeographie*, an die *Promenadologie* von Lucius Burckhardt oder an Julio Cortázar und Carol Dunlop[6], die eine Autobahn von Paris nach Marseille zum Raum einer langsamen Reise machten.

An diese Theorie und Praxis lässt sich anschließen, wenn heute im Zuge der Verkehrswende die funktionale Zurichtung der Straßen für einzelne Verkehrstypen ein Ende finden könnte und Straßenräume als städtische Räume wieder architektonisch betrachtet werden. Dafür greife ich hier skizzenhaft auf Argumentationen unseres Buches *Die Stadt als Architektur*[7] zurück und denke nach über die *Straße als szenischen Raum*, ihre *potenzielle performative Kraft*, einzelne Aspekte eines *konkreten architektonischen Repertoires* und den *notwendigen Beitrag der Straßen für eine poröse Stadt*.

Szenischer Raum

Die urbanistische Literatur ist voll von Analogien und Anlehnungen zu Theater, Bühne, Aufführungen, Auftritten und Betrachtungen, zum Sehen und Gesehen werden, zu Akteurinnen und Zuschauern in den Räumen der Stadt. Hier sind nur einige Beispiele genannt:

Jean Baudrillard: „[...] szenischer Raum, ohne den Gebäude nur Konstruktion wären und die Stadt nur eine Agglomeration".[8]

Gordon Cullen: „[...] a city is a dramatic experience within our environment".[9]

Lewis Mumford: „In a sense the dramatic dialogue is both the fullest symbol and the final justification of the city's life."[10]

Edmund Bacon: „One of the prime purposes of architecture is to heighten the drama of living."[11]

Die Stadt bildet mit der Architektur ihrer öffentlichen Räume die Bühne, auf der immerzu etwas vorgeführt wird, auf die man schaut und zugleich selbst gesehen wird. Sie ist Schauplatz sowohl für theatralische Aufführungen der Macht und das große Zeremoniell als auch für den kleinen Auftritt, die Inszenierung alltäglicher Geschehnisse, an denen Akteure und Zuschauerinnen beteiligt sind. Und nicht zuletzt sind es die Straßen der Stadt, jene des Alltags der Nachbarschaft wie auch die Prachtstraßen, die dieses dichte Gewebe beiläufiger Situationen möglich machen. Gerade das Beiläufige macht diese urbane Qualität aus. Man muss nicht unbedingt am Abend das Theater besuchen. Die Bühne und das Geschehen liegen vor der Tür.

Performative Kraft

Architektur hat genuin einen performativen Charakter. Sie entfaltet ihre spezifische Wirklichkeit erst im Gebrauch. Der Begriff des Performativen betont Ereignis, Prozess, Projekt, Geschehen. Der Philosoph Jörg Volbers charakterisiert das Performative in sozialen Kontexten und im Bereich sozialer Praktiken über zwei Grundmerkmale: Zum einen wird etwas im Vollzug bewirkt, wobei den Eigenheiten des körperlichen und räumlichen Vollzugs besondere Bedeutung zukommt. Zum anderen finden solche Arten des Vollzugs in einer Öffentlichkeit statt, welche die Bedingung dafür ist, „dass sie von anderen wahrgenommen und verstanden werden".[12] Die räumlichen Situationen der Architektur erleben wir im Gebrauch wie im Vollzug, und in urbanen Situationen ist Öffentlichkeit sowieso als ein konstituierendes Merkmal von Stadt wirksam. Kein Raum der Stadt ist öffentlicher als der Straßenraum.

Auf die Räume der Stadt bezieht Erika Fischer-Lichte vier konstitutive Voraussetzungen des Performativen: Es ist unvorhersagbar, ambivalent, abhängig von den Wahrnehmungsbedingungen und – das Entscheidende – es hat eine transformative Kraft.[13]

Unvorhersagbarkeit: Eine architektonische Situation ist immer offen und unvorhersehbar, auch wenn das bauliche, materielle Ding dem architektonischen Sachverhalt zunächst einen Rahmen gibt. Ein zum Flanieren gemachter Stadtboulevard des 19. Jahrhunderts wird heute vom Autoverkehr vereinnahmt. Umgekehrt kann eine reine Autostraße wieder zur Spielstraße werden.

Ambivalenz: Architektur schafft also eine Vielfalt räumlicher Situationen. Aber keine kann vollends von Architektur kontrolliert werden. Der Gebrauch von Architektur bleibt ambivalent – eine andere Facette ihrer Offenheit. Man kann eine Treppe hinaufsteigen, aber auch auf ihr sitzen, sich treffen. Tagsüber mag die repräsentative Bedeutung eines Platzes vorherrschen, er kann aber am späten Abend zum Territorium einer Gang von Jugendlichen werden. Eine leichte Verschiebung des sozialen Kontexts kann einen urbanen Raum umschlagen lassen von bedrohlich zu einladend, von repräsentativ zu lässig, von geschäftig zu verträumt. Auch wenn ein städtischer Raum seine intendierte Bestimmung behält, lässt sich das aktuelle Geschehen einer Situation nicht determinieren. Es kann eskalieren, ersterben, glücken, misslingen.

Abhängigkeit von Bedingungen der Wahrnehmung: Die konkreten subjektiven Umstände der Wahrnehmung sind entscheidend. Sie liefern jeweils konkrete Voraussetzungen mit unterschiedlichen Effekten. Komme ich aus einer dunklen Unterführung auf

Sophie Wolfrum

einen Platz oder über eine Brücke, nehme ich städtische Räume als Autofahrer, aus der Straßenbahn heraus, als Fahrradfahrer oder Fußgänger wahr: es scheinen verschiedene Räume zu sein.

Transformative Kraft: Architektonische Gegebenheiten können, ausgehend von ihrer architektonischen Substanz, eine transformative Kraft ausüben. Auf der einen Seite verändert sich Architektur in ihrem Charakter abhängig von ihrem Gebrauch, von Bedingungen der Wahrnehmung und von individueller Disposition. Neue gesellschaftliche Gebräuche, ein neuer sozialer Umgang in der städtischen Gesellschaft können Ausdruck, Bedeutung, sogar Benennung eines Raums der Stadt völlig verändern. Schon die kleinen Interventionen der Schanigärten, die in der Zeit der Pandemie Einzug in die Straßen gehalten haben, verändern deren Charakter. Und solche Veränderungen teilen sich mit. „The world is changed – as if by magic."[14]

Architektonisches Repertoire

Körper und Raum: Die wechselseitig bedingende Wirkung von Baumassen und Räumen ist ein grundlegendes architektonisches Mittel. Raum ist in seiner Gestalt erkennbar, wenn er von körperhaften Elementen gefasst oder geformt wird, die Figur von Baumassen wiederum wird durch ihre Abhebung vom Umraum identifizierbar. Körperhafte Massen bieten unserem eigenen Körper Widerstand, die Leere dazwischen lässt uns Spielraum für Bewegung und Sicht.

Innen und Außen: Auch das Mittel der Abschirmung beruht auf einer komplementären Wechselwirkung. Sie regelt das für die Architektur konstitutive Verhältnis von Innen und Außen, indem sie zwischen beiden trennt und zugleich verbindet. Stadträume wie Plätze und Straßen können als die öffentlichen Innenräume der Stadt oder aber als Außenräume wahrgenommen werden. Ihre Zugänglichkeit als Innenräume erfordert die Überwindung der Trennung durch Öffnungen zwischen Innen und Außen. Die Schicht zwischen diesen beiden Sphären kann schon wieder raumhaltig werden, sie ist nicht nur ein Informationsscreen. In dieser Raumschicht wechselnder Zugehörigkeit liegt ein besonderes Potenzial für die Stadt. Die Arkaden in Bologna, der Eingangsbereich eines Wohnhauses, Durchgänge, Einschnitte – unzählige Elemente können den Straßen-Raum beleben.

Grenzen und Schwellen: Es ist die Schwelle, durch die die Grenze nicht nur überwunden, sondern bereichert wird. Mit der Doppeldeutigkeit der Schwelle wird die Grenze architektonisch zu einem Raum ausgebildet, der zwei Sphären zugleich angehört. Die Tür des Hauses bildet die Schwelle zur Stadt, noch sind wir im Haus, aber auch schon draußen. Die öffentliche Straße ist auch „meine Straße", in der ich zu Hause bin, aber mich doch auf die Öffentlichkeit der Stadt einlasse. Über Schwellen werden der

Austritt und der Zugang verzögert, kontrolliert, ritualisiert, sie werden als Situation erlebbar. Die Kommunikation zwischen Innen und Außen wird gestaltet, das Verlassen eines begrenzten Raums gedehnt, in Etappen zerlegt, oder der Eintritt wird mit Erwartung aufgeladen. Der Übertritt zwischen zwei Stadträumen wird bemerkbar, an Schwellen kann das Vorstellungsbild von der Stadt verankert werden. Schwellenräume sind sowohl Räume der Zäsur als auch Verbindungsräume und Räume der Kommunikation. Sie sind die entscheidenden Elemente einer porösen Stadt.

Porosität

„Porosität" als Denkbild, von Walter Benjamin und Asja Lacis im Jahr 1925 an den Straßen Neapels exemplifiziert,[15] hat sich mittlerweile von diesem unmittelbaren Kontext gelöst. Zugleich repräsentiert der Begriff weiterhin dessen ursprüngliche Ambivalenzen: Distanz und Nähe, Homogenität und Heterogenität, Anonymität und Gemeinschaft. Mittlerweile hat „Porosität" ein eigenständiges Bedeutungsfeld entwickelt.[16] So wie die Begriffswolke „poröse Stadt" heute verwendet wird, werden typisch urbane Konnotationen hervorgehoben: Durchdringung und Überlagerung von Räumen / Kommunikation zwischen räumlichen Elementen / Schwellen, Zwischenräume und mehrdeutige Zonen / Durchlässigkeit, Räumlichkeit oder Mehrdeutigkeit von Grenzen / Koexistenz, Polyvalenz, Teilen (gemeinsame Nutzung) / Unschärfe, Uneindeutigkeit, auch Schwäche / Provisorien, Unfertigkeiten, sogar Kaputtsein / Offenheit in Bezug auf Prozesse, in Bezug auf Zufälle, auf Rhythmen und Zeiten / nicht zuletzt die Perspektive des Flaneurs und ein performativer Ansatz.

Als Begriff in der Urbanistik meint Porosität sowohl den physischen als auch den sozialen Raum. In seiner programmatischen Wendung vom Denkbild zum urbanistischen Konzept umfasst er weiterhin einerseits architektonische Merkmale und Qualitäten der gebauten Umwelt und andererseits den sozial produzierten Raum einer komplexen urbanen Gesellschaft. Darin liegen seine besondere Stärke und die Chance, Architektur explizit in urbanistischen Diskursen zu behandeln. Die Bildkraft des Begriffs „Porosität" ist dabei von Vorteil. Sie hilft, die Welten der architektonisch-städtebaulichen Disziplin und des alltäglichen Lebens in Städten zu verbinden. Dieser hier nur im Positiven verankerte Ansatz könnte entscheidend dazu beitragen, Straßen aus ihrem funktionalistischen Korsett zu befreien und sie wieder als vielfältige Handlungsräume der Gesellschaft zu verstehen und zu behandeln.

1 Theodor Fischer: *Sechs Vorträge über Stadtbaukunst*, hg. v. Matthias Castorph, München 1920/2012, 28.

2 Cornelius Gurlitt: „Gerade oder bogene Straßen", in: *Handbuch des Städtebaus*, Berlin 1920, 298–303.

3 Lawrence Halprin: „MOTATION", in: *Progressive Architecture*, Vol. 46, 1965, 126–133.

4 Donald Appleyard/Kevin Lynch/John R. Meyer: *The View from the Road*, Cambridge, Mass. 1964.

5 Michel de Certeau: *Kunst des Handelns*, Berlin 1988, 188.

6 Julio Cortázar/Carol Dunlop: *Los Autonautas de la Comopista*, Barcelona 1983.

7 Sophie Wolfrum/Alban Janson: *Die Stadt als Architektur*, Basel 2019.

8 Jean Baudrillard: *Architektur: Wahrheit oder Radikalität*, Graz/Wien 1999, 12.

9 Gordon Cullen: *Townscape. Das Vokabular der Stadt*, Basel/Boston/Berlin 1961/1991, 9.

10 Lewis Mumford: *The City in History: Its Origins, Its Transformations, and Its Prospects*, San Diego/ New York/London 1989, 117.

11 Edmund N. Bacon: *Design of Cities*, London 1967/ 1992, 19.

12 Jörg Volbers: „Zur Performativität des Sozialen", in: Klaus W. Hempfer/Jörg Volbers (Hg.): *Theorien des Performativen. Sprache – Wissen – Praxis. Eine kritische Bestandsaufnahme*, Berlin 2011, 146.

13 Erika Fischer-Lichte: „Performativity and Space", in: Sophie Wolfrum/Nikolai Frhr. v. Brandis (Hg.): *Performative Urbanism Generating and Designing Urban Space*, Berlin 2015, 31; Fischer-Lichte: *Performativität. Eine Einführung*, Bielefeld 2012, 73–129.

14 Fischer-Lichte 2015, 35.

15 Walter Benjamin/Asja Lacis: „Neapel" (1925), in: *Walter Benjamin, Gesammelte Schriften*, Bd. IV.1, hg. v. Tillman Rexroth, Frankfurt a. M. 1991, 307–316: 314.

16 Sophie Wolfrum et al. (Hg.): *Porous City. From Metaphor to Urban Agenda*, Basel 2018.

Stephan Trüby

Streit um Sitte.
Eine Diskursrekonstruktion
aus aktuellem Anlass

Die seit einigen Jahrzehnten eingeübte Rückbesinnung auf die „europäische Stadt" im Sinne einer alten, mit kulturellem Erbe vollgepackten Vorstellung von Urbanität weist eine doppelte und eng miteinander verschränkte Geschichte auf: sowohl eine progressive, „linke", an Bodenfragen gebundene[1] als auch – zeitlich nachgelagert – eine regressive, „konservativ" bis „rechts" einzuordnende und vor allem an Bildwirkungen orientierte.[2] Eine besondere Stellung kommt dabei der Rückbesinnung auf Camillo Sitte zu, den Wiener Architekten, Stadtplaner, Städtebau- und Kulturtheoretiker und Maler, der ab 1883 an der Wiener Staatsgewerbeschule lehrte und ab 1899 als deren Direktor wirkte.[3] Sittes intellektuelles und publizistisches Werk – insbesondere sein Hauptwerk, *Der Städtebau* – wurde seit seinem Erscheinen international rezipiert, bereits 1902 ins Französische übersetzt und diente u.a. als direkte und explizite Vorlage für im englischsprachigen Raum so einflussreiche Werke wie Raymond Unwins *Town Planning in Practice* oder für die von Nikolaus Pevsner im englischen Exil mitbegründete „Townscape"-Bewegung[4], die mit der amerikanischen Kritik an der funktionalistischen Stadtplanung der Nachkriegszeit eng verbunden war. Und in Frankreich berief sich etwa der Philosoph und Anthropologe Marcel Hénaff in seinem Plädoyer für eine verdichtete, durchmischte Stadt jüngst ebenfalls auf Sitte.[5] Auch im deutschsprachigen Raum erfreut sich Sitte 120 Jahre nach seinem Tod größter Popularität. Dafür steht beispielhaft die auf sechs Bände angelegte Gesamtausgabe seiner Schriften, die auf Grundlage des an der Technischen Universität Wien verwahrten Sitte-Nachlasses im Rahmen eines Forschungsprojekts erschienen ist und von Michael Mönninger, Christiane C. Collins und Klaus Semsroth herausgegeben wurde.

   Doch spannender noch als Sittes Original-Schrifttum – dies soll im Folgenden deutlich werden – sind die Kämpfe um Sitte-Deutungshoheiten, die in den letzten vier Jahrzehnten vor allem im deutschsprachigen Raum ausgetragen wurden. Denn sowohl im Windschatten des ab Anfang der 1990er Jahre geführten Streits um die Gestaltung der wiedervereinigten deutschen Hauptstadt (also des „Berliner Architekturstreits") als auch in den aktuelleren deutschen Debatten um „Stadtbaukunst"[6] – stets sind Sitte und sein Erbe stadtbaukünstlerischen Denkens im Hintergrund präsent. Ein rekapitulierender Blick darauf scheint aktuell besonders geboten zu sein, führt man sich die Taktzahl der Wiederveröffentlichungen von Büchern aus der Feder von Sitte-Verehrern wie Karl Henrici oder Cornelius Gurlitt vor Augen, die von Matthias Castorph, dem Münchner Architekten und Grazer Hochschullehrer, vorgelegt werden.

Spannender noch als Sittes Original-Schrifttum sind die Kämpfe um Sitte-Deutungshoheiten, die in den letzten vier Jahrzehnten vor allem im deutschsprachigen Raum ausgetragen wurden.

Vorwurf gesteigerter Heimatgefühle

An den Anfang des hier zu rekonstruierenden Streits um Sitte sei das 1995 veröffentlichte Buch *Kleinstadt, Steildach, Volksgemeinschaft. Zum „reaktionären Modernismus" in Bau- und Stadtbaukunst* gestellt, das Gerhard Fehl, von 1971 bis 1996 Professor für Planungstheorie an der RWTH Aachen, kurz vor seiner Emeritierung veröffentlicht hat. Sitte schneidet darin nicht allzu gut ab. Er, der sich gegen die Rationalisierungs-, Technisierungs- und Abstrahierungstendenzen seiner Zeit wandte – namentlich vor allem gegen den Karlsruher Stadtplaner Reinhard Baumeister und den Wiener Kollegen Otto Wagner –, und zwar mit einem Plädoyer gegen die „Krankheit der starren geometrischen Regelmäßigkeit",[7] gegen den „Freilegungswahn"[8] von Kirchen, Stadttoren und anderen Monumenten, gegen die Dominanz von Straßenbauingenieuren und Hygienikern[9] und vor allem für allgemein mehr Kunstsinnigkeit im Städtebau – dieser Sitte wird von Fehl als ein problematischer Begründer der „Stadtbaukunst" vorgestellt, der sich in *Der Städtebau* allein auf den öffentlichen Raum und die öffentlichen Gebäude beschränkte,[10] insofern „blind für die Wohnungsfrage"[11] war und daher ein „Dokument restaurativer Hoffnung"[12] zu verantworten hat. In überaus lesenswerten Passagen erklärt Fehl das intellektuelle Projekt Sittes mit der Konkurrenz dreier städtebaulicher Reformansätze um 1890, „in denen wir die Wurzeln des ‚modernen Städtebaus' sehen können: Stadtplanung, Siedlungsbau, Stadtbaukunst".[13] Schlüssig ordnet Fehl diese drei Ansätze unterschiedlichen sozialen Milieus zu: Während das Personaltableau der Stadtplanung – vertreten etwa, neben Baumeister, durch Josef Stübben in Köln – vor allem aus Technikern und Ingenieuren des mittleren Bürgertums bestand, die eine große Nähe zu den neuen Zentren der Macht aufbauen konnten,[14] und während die Protagonisten des Siedlungsbaus – vertreten etwa durch den Berliner Volkswirt Rudolph Eberstadt – sich als „Arbeiterfreunde"[15] positionierten, ging es den marginalisierungsbedrohten Bildungsbürgern der Stadtbaukunst à la Sitte darum, sich der proletarisierten Massen mithilfe von „‚Volkserziehung' durch Kunst"[16] zu erwehren. Das hieß vor allem: Steigerung von Heimatgefühlen, „zur steten Heranbildung großer edler Empfindungen bei der heranwachsenden Jugend":[17] „Im fehlenden ‚Heimathsgefühl'", so Fehl, sah Sitte eine „große Gefahr, denn wer kein ‚Heimathsgefühl' hat, hat auch keine ‚Anhänglichkeit', identifiziert sich nicht mit der bürgerlichen Gesellschaft, steht eben jenseits der ‚unendlichen Kluft' und sinnt auf Umsturz".[18] Entsprechend präsentierte sich Sitte, so schreibt Fehl weiter, „als ‚Teutone' und ‚nordisch' […] gesinnter Patriot, als Verteidiger deutscher Kultur gegen alle Anfeindungen [...] und als Anhänger einer ‚künstlerischen Versinnlichung des Reichsgedankens'".[19]

So nimmt es denn nicht wunder, dass der nationalistisch gesinnte Teil des deutschsprachigen Städtebaus, der ab ca. 1890 den „Geist der Klassik" zunehmend durch den „Geist des Vaterlandes" ersetzte,[20] sich fast ausschließlich aus dem sich auf Sitte berufenden Stadtbaukunstmilieu rekrutierte. In diesem Zusammenhang kommt Fehl insbesondere auf Karl Henrici zu sprechen, den Aachener Architekten, Stadtplaner und Hochschullehrer, der 1904 in seinem Nachruf auf Sitte schreibt: „Eine Vision, die ihm schon in jüngeren Jahren im Geist ein von jeglichem Gebrauchswert losgelöstes, rein künstlerisches Nationaldenkmal erstehen ließ, rein national im Grundgedanken, rein national in der Durchbildung und verklärt zusammenfassend und darstellend, was jemals deutschem Geist künstlerisch entsprungen – diese Vision war es, die ihn wachend und schlafend nicht verließ und an der, wie an einem Faden, sein ganzes Lebenswerk hing [...]."[21] Bereits 1889 hatte Henrici konstatiert: „Ich bin der Meinung, dass die Anschauungen, welche fast allgemein den modernen Städtebau beherrschen, ausländischen Ursprungs sind, und dass es an der Zeit ist, diesen Einfluss fremder Ideen abzuschütteln und deutsche Eigenart auch in den Planungen der Stadterweiterungen einzuführen und darin zu pflegen."[22] Henricis „deutschnationale Städtebau-Reform"[23] lehnt alle städtebaulichen Vorbilder jenseits des deutschen Sprachraums kategorisch ab – insbesondere jene aus Frankreich oder Italien, wie in einem Aufsatz von ihm aus dem Jahre 1891 deutlich wird: „Ist es wirklich nöthig, dass diese auf das Malerische gerichteten, urdeutschen Wesen entspringenden Bestrebungen den Platz räumen müssen für undeutsche, italienische oder französische Art, weil diese besser passt zu dem ebenfalls undeutschen modernen Städtebausystem?"[24] Während sich technikaffine deutsche Städtebauer wie Josef Stübben am Vorbild etwa des Haussmann'schen Paris orientierten, war für Henrici, so Fehl, die französische Hauptstadt „der Inbegriff des Schrecklichen".[25] „Nirgends mehr als in Paris", schreibt er ebenfalls 1891, „ist in uns die Überzeugung fest geworden, dass wir alle Veranlassung haben [...], uns die Wiederaufnahme echter alter urdeutscher Art mit Herz, Gemüt und Hand zur Aufgabe zu machen."[26] Und drei Jahre später, 1894: „Rechte deutsche Gedanken, deutsche Empfindung, deutsche Selbstlosigkeit, deutscher Gemein- und Familiensinn, deutsche Sinnigkeit, deutsche Gemütlichkeit, deutsche Pietät und deutscher Humor sollen uns leiten bei dem Ausbau unserer Städte."[27]

Von Henricis „Deutschtümelei"[28] aus war es also nicht mehr
allzu weit zum nationalsozialistischen Städtebau, zu Heinz Wetzel,
der 1942 in seinem Buch *Wandlungen im Städtebau* schreibt:
„Für mehr als hundert Jahre war die Baukunst auf der falschen
Fährte. Wie finden wir das verlorene Paradies zurück? Der Führer
hat uns den Weg gewiesen: Das Stichwort heißt: ‚Blut und
Boden'."[29] Fehl betont zwar, dass „kein Stein auf Sitte geworfen
werden [sollte] dafür, „dass später die Nationalsozialisten gerne
auf ihn zurückgriffen".[30] Und sicherlich zerfällt das Buch in zwei
Teile, nämlich einen ersten Teil über den romantischen Städtebau
um 1900 und einen zweiten Teil über das Bauen im Nationalsozialismus, die beide nicht so recht zusammen kommen wollen,
weil Fehl die Sitte- und Henrici-Rezeptionen im Nationalsozialismus nicht zitatgestützt durchgearbeitet hat (ein genauerer Blick
auf den Umgang mit deutschen Altstädten im Nationalsozialismus
hätte beide Teile vielleicht besser verbunden). Doch gleichzeitig
kann Fehl nachvollziehbar machen, dass Sitte- und Henrici-
Rekurse, die in einer Tradition der Verschiebung von Eigentums-
zu Heimatfragen und von Boden- zu Bildfragen stehen, nur allzu
leicht auf eine schiefe Ebene namens „reaktionärer Modernismus"[31] (Jeffrey Herf) geraten können.

Deregulierte Deutungsmuster
Fehl hat mit *Kleinstadt, Steildach, Volksgemeinschaft* ein wichtiges Buch geschrieben,
dessen Lektüre gerade heute wieder angeraten sei, doch seine Recherchelücke – die
Sitte-Rezeption im Nationalsozialismus – wurde in den Folgejahren zum willkommenen
Ziel teils wutentbrannter Repliken durch Stadtbauhistoriker, die Sittes Werk einer ein-
gehenden Analyse unterzogen. Den Anfang machte Michael Mönninger mit seiner
1995 bei Heinrich Klotz und Hans Belting an der HfG Karlsruhe vorgelegten Disserta-
tion, die 1998 unter dem Titel *Vom Ornament zum Nationalkunstwerk. Zur Kunst-
und Architekturtheorie Camillo Sittes* veröffentlicht wurde. Mönninger stellt darin Sittes
Der Städtebau als eines der „wichtigsten praktischen Lehrbüche[r]" des abendländischen
Städtebaus"[32] vor – es sei gleich „nach den Werken des Römers Vitruv und des
Florentiners Alberti"[33] einzuordnen. Er erinnert auch an den „kometenhaften Aufstieg"
des Wieners um 1900, der sich postum noch steigern sollte: „Sitte hatte seinen größten
Einfluss um die Jahrhundertwende, als durch die Hochindustrialisierung in den euro-
päischen Städten die umfangreichsten Stadterweiterungen, Arrondierungen und Einge-
meindungen der Neuzeit nötig wurden. Seine Städtebauprinzipien gingen in Planungen
von Hamburg bis München ein und wurden sogar von Werner Hegemann 1922 zur
Grundlage der einflussreichen amerikanischen Entwurfslehre *American Vitruvius*
genommen."[34] Doch wenige Jahre später folgte ein „ebenso jäher Absturz".[35] Aus
Sigfried Giedions 1941 erschienenem Buch *Raum, Zeit, Architektur* zitierend, schreibt
Mönninger: „Die führende moderne Bauavantgarde bekämpfte Sitte und degradierte
ihn zu einer ‚Art Troubadour, der mit seinen mittelalterlichen Liedern das Getöse der

modernen Industrie übertönen wollte'.“[36] Demgegenüber bemüht sich der Autor um eine komplexere „geistesgeschichtliche Einordnung Sittes“.[37]

Kritisch rapportiert Mönninger hierbei Fehls mit Sitte einsetzende Chronologie des „reaktionären Modernismus“ in Bau- und Stadtbaukunst im deutschsprachigen Raum – „aus der Perspektive solcher disziplingeschichtlich beschränkten, aber zugleich ideologie-kritisch generalisierenden Untersuchungen“, so der Autor, „lassen sich nur allzu leicht große Teile des 19. Jahrhunderts wie auch heutige konservative Architekturströmungen als Vorstadien oder Nachwehen des Nationalsozialismus interpretieren“[38] –, bestätigt aber im Grunde unfreiwillig Fehls Sitte-Verortung, und zwar mit vielen, bis dato wenig bis nicht bekannten Einsichten und Zitaten. Er zeigt dagegen in differenzierter Weise auf, warum Sitte, ein aus einem katholisch-liberalen Elternhaus[39] kommender Atheist[40], nicht zufällig im auflagenstarken *Neuen Wiener Tagblatt* viele seiner Aufsätze publizierte. Das Blatt, dem ebenso wie Sitte selbst eine „deutsch-liberale Haltung“[41] zuzuschreiben ist, verfolgte nicht nur eine antimarxistische, sondern auch eine antikatholische Linie – mit dem Ziel, den deutschsprachigen Teil von Österreich-Ungarn, der sich vor einem slawi-schen Übergewicht innerhalb der Donaumonarchie fürchtete, davon zu überzeugen, sich von Rom loszusagen und in Richtung einer „Großdeutschen Lösung“ unter Einbindung des stark protestantisch geprägten Preußen bzw. des Deutschen Reiches hinzuwirken. Entsprechend rekurriert Sitte beispielsweise immer wieder auf Richard Wagner, dessen anarchistisch-sozialistische Umtriebe er zwar nicht teilt, dafür aber dessen Germano-philie: „Der Mittelpunkt des deutschen Kunstwerks der Zukunft“, schreibt er 1875 in seinem Aufsatz „Richard Wagner und die Deutsche Kunst“, „kann nicht Apollo, der schöne Mensch, nicht Christus, der leidende Mensch sein, sondern nur Siegfried, der starke Mensch“ sein.[42] Sitte modelliert sein Stadtideal auch an Richard Wagners erstem Bühnenbildner, dem Maler Josef Hoffmann.[43] Und 1899 deutet er in einem Brief an den Architekten und Schriftsteller Ferdinand von Feldegg nicht nur „meine projektierten national Wagnerisch künstlerischen Arbeiten“[44] an, sondern auch die wegen seines frühen Todes nur Idee gebliebene Absicht, eine gesamteuropäische Kunst- und Kultur-geschichte zu schreiben, als „großes Arbeitsprogramm für deutsches Kulturschaffen“.[45]

Sittes großdeutscher Nationalismus fand seine ökonomische Basis in einem Wirtschaftsliberalismus, den Mönninger – und auch hier arbeitet er unbeabsichtigt einer Bestätigung Fehls zu – als Verteidigung einer „‚harmonia mundi‘ des Sozialen“[46] beschreibt: „Zwischen den Polen des monarchischen Obrigkeitsstaates und der gefürch-teten sozialdemokratischen Umwälzung“, so der Autor, „setzte Sitte seine Hoffnungen auf einen fragilen Zwischenzustand.“[47] Und zwar folgenden: „Er wollte die zu diesem historischen Zeitpunkt aufscheinende soziale Differenzierung und Arbeitsteilung des zellular gedachten Gesellschaftskörpers als naturgegeben verteidigen und damit als ewigen Kreislauf stillstellen.“[48] Dass dieser „Gesellschaftskörper“ allerdings zuweilen in Großstädten mit „fiebrige[r], kranke[r] Sinnlichkeit“ oder „dumpfige[r] staubige[r] Atmosphäre“[49] haust, ordnete Sitte zwar als „widerlich“[50] ein, aber das mache aus ihm deswegen noch lange nicht einen Sozialreformer, im Gegenteil: Hinter den Protesten des Wiener Städtebautheoretikers gegen die „Geraderichtung von alten Straßen und gegen die Geometrisierung des Stadtplans“[51] verbirgt sich, so Mönninger, ein Plädoyer für die Konservierung einer „quasinatürliche[n] Bodenökonomie“.[52] Besonders deutlich wird

Man könnte bei Sitte
also von einer Geburt
der romantisch-
malerischen Stadt
aus dem Geiste
sowohl altherge-
brachter Parzellen-
konservierungen als
auch der Vermeidung
der Bodenfrage
sprechen.

dies in seinem postum erschienenen Aufsatz „Enteignungsgesetz und Lageplan" (1904):
Darin wendet sich Sitte gegen Enteignungspläne „nach alter geometrischer Schablone".[53]
Sitte: „Interessant ist zu sehen, wie stetig bei der Straßenführung nach Eigentumsgrenzen
Straßennetze ganz von selbst entstehen, die ganz den Typus unserer unregelmäßig gegliederten Altstädte zeigen, neben denen dann die schematischen Regelungen gerade in ihrer
gewaltsamen Willkür höchst auffallend erscheinen."[54] Man könnte bei Sitte also von
einer Geburt der romantisch-malerischen Stadt aus dem Geiste sowohl althergebrachter
Parzellenkonservierungen als auch der Vermeidung der Bodenfrage sprechen. Warum
referiert Mönninger dies alles so profund (sowie in übrigens größter sprachlicher Vollendung) – und findet dennoch nicht zu kritischer Distanz zu Sitte? Weil für ihn Sitte
auch Mitte der 1990er Jahre (und vermutlich noch heute) noch ein Vorbild zu sein scheint.
„Heute wie vor hundert Jahren", schreibt Mönninger in der Schlusspassage seiner
Einleitung, „wendet sich der Diskurs in den gesamten Kunst- und Gesellschaftswissen-
schaften wieder vom Regulativ des Geschichtsdenkens ab und bevorzugt deregulierte
naturale Deutungsmuster der Selbstorganisation in Kultur, Wirtschaft und Gesellschaft.
So könnte man das heutige Fin de siècle in die Erbfolge des vorangegangenen stellen und
Schlüsse ziehen, die über Sittes Lebenswerk weit hinaus reichen."[55] Hierauf wird zurück-
zukommen sein.

Politisch neutral?

Sieben Jahre nach der Veröffentlichung von Mönningers Disserta-
tion erschien als „Supplement"[56] der erwähnten Sitte-Gesamtaus-
gabe der von Klaus Semsroth, Kari Jormakka, Bernhard Langer
herausgegebene Band *Kunst des Städtebaus. Neue Perspektiven
auf Camillo Sitte* (2005). Er ist aus einem Symposium hervorge-
gangen, das das Institut für Städtebau der TU Wien anlässlich von
Sittes 100. Todestag im Jahre 2003 veranstaltet hatte.[57] Bei den
abgedruckten Aufsätzen zu Sitte, zu denen auch Mönninger eine
vertiefende Betrachtung seiner bereits aus *Vom Ornament zum
Nationalkunstwerk* bekannten Engführung von Naturdenken und
(neoliberaler) Selbstorganisation beigesteuert hat, überwiegt ein
nachsichtiger Tonfall, dessen Grundbass Semsroth in seinem Vorwort vorgibt. Darin versucht er Gerhard Fehl – ohne ihn namentlich zu nennen – quasi als durchgeknallten Irrläufer der Sitte-
Forschung zu markieren: „Die Planungsgeschichtsschreibung der
Nachkriegszeit ordnete Sitte gar den Vorläufern des Nationalsozialismus zu."[58] Entlang dieser ausschließenden publizistischen
Linie wird Sitte beispielsweise bei Stanford Anderson als goutier-
barer Vorläufer des New Urbanism à la Andreas Duany und
Elizabeth Plater-Zyberk,[59] bei Kari Jormakka als löblicher Innova-
tor des städtetouristischen Blicks,[60] bei Riitta Nikula als heroischer
Inspirator finnischer Nationalromantiker wie Lars Sonck[61] oder
bei Anthony Vidler als geeigneter Stichwortgeber für die Historio-
grafie von Platzängsten und anderen Phobien gewürdigt.[62]

Insbesondere Letzterer verteidigt Sitte ausdrücklich gegen den Verdacht, nur eine „Figur der nostalgischen Reaktion"[63] zu sein. Allein Bernhard Langer und Ákos Moravánsky finden zu einer gewissen Sitte-Distanz. So lässt Moravánsky die Wirkungsgeschichte des Sitte'schen Städtebaus im „Bilderlebnis als Glücksbringer" enden,[64] „was ja vor allem in der shopping mall realisiert wurde".[65] Und Langer, der den Wiener eindeutig „im konservativen Bereich"[66] verortet, sieht in seinem theoretischen Werk primär eine „kulturalistische Reaktion auf sozioökonomische Umstrukturierungsprozesse".[67]

Als uninformiertester Text des Bandes kann wohl Wolfgang Sonnes Aufsatz „Politische Konnotationen des malerischen Städtebaus" gelten. Sonne, Professor für Geschichte und Theorie der Architektur an der Fakultät für Architektur und Bauingenieurwesen der TU Dortmund, verwahrt sich in seinem Text dagegen, Sitte „in das Fahrwasser politischer Argumentationen" zu bugsieren".[68] Der Wiener, so Sonne, „konzipierte seinen Städtebau als politisch neutrale Strategie".[69] Mehr noch: „Keine Äußerung im Buch oder in städtebaulichen Artikeln benennt explizit politische Motive oder Deutungen."[70] Sonne weiter: „Auch die Auswahl seiner Beispielstädte lässt sich nicht politisch – etwa deutsch-national – deuten: In seiner Schrift untersucht er vor allem italienische Städte, denen er dann noch ein gesondertes Kapitel zu nordeuropäischen Städten beigibt."[71] Mit derlei Sätzen fällt Sonne weit hinter die Sitte-Analysen Mönningers zurück, den er zwar in einer Fußnote kurz erwähnt, aber offenbar nicht studiert hat. Denn er äußert sich kritisch über den „jüngste[n] Versuch" in der Sitte-Forschung, „die Absenz slawischer Beispiele als Ausdruck deutschnationaler Reichsideologie zu deuten",[72] bezieht sich hier aber auf einen Aufsatz von Andrew Herscher von 2003, nicht aber auf Mönninger, dessen Zitate, wie dargestellt, lediglich eine deutschliberale Gesinnung zeigen. Sonne schildert einen „sauberen", autonomieästhetisch freigestellten und letztlich unhistorischen Camillo Sitte. Man könnte auch sagen, er diminuiert Sitte zu einem unterkomplexen Stadtformalisten, um genau diese Karikatur der eigenen Agenda vorzuspannen, die da lautet: Arbeit an „schönen Städten", die „durch ihre maßstäbliche Räumlichkeit auf den wahrnehmenden Menschen bezogen sind".[73]

Auf höherem Niveau als Sonnes Text ist der Beitrag „Ideologie und Stilbegriff" des Professors für Kunstgeschichte an der Universität Wien, Mario Schwarz, zu verorten, der in einem lesenswerten, stark Mönninger-gestützten Beitrag den praktizierenden Architekten Sitte in den Fokus nimmt und dabei einige der politischen Bezüge seines Werkes virtuos zu vermessen versteht.

Es gehört zu den Paradoxien Sittes, dass er, der bereits in seinem ersten, 1869 erschienenen *Wanderer* eine dezidiert kritische Haltung gegenüber der römisch-katholischen Kirche einnahm und vom „kunstmörderischen Einfluss des Christentums"[74] schreibt, gleichzeitig seine größten und wichtigsten Bauten im Bereich der Sakralarchitektur schuf. Neben den Pfarrkirchen von Temesvar (1884) und Přivoz/Oderfurth (1894–1899) ist hier insbesondere sein Debüt als Architekt zu erwähnen: die Wiener Mechitharistenkirche, deren Planung Sitte um 1873 von seinem Vater, dem Architekten Franz Sitte, übernommen hatte. Mit der Übergabe an den Sohn vollzog sich beim Entwurf ein stilistischer Shift weg von der Neugotik hin zur Neo-Frührenaissance, den Schwarz mit einer Verschränkung biografischer und kulturpolitischer Gründe erklärt: einmal mit der immer stärker sich abzeichnenden Prägung durch Henrich Ferstel, Sittes Lehrer an der Wiener Technischen Hochschule; sodann mit der Reverenz-Erweisung an den „ideologischen Angelpunkt"[75] des Mechitharistenordens, „nämlich das ökumenische Konzil von Ferrara (1431–1447) mit dem Unionsdekret vom 22. November 1439, mit dem sich die armenische Kirche mit der römischen vereinigt hatte".[76] Vor diesen Hintergründen verarbeitete Sitte einerseits Stilbezüge des italienischen Quattrocento, namentlich der Architektur Leon Battista Albertis, Michele Sanmichelis, Sebastiano Serlios und Bernardo Rosselinos[77] – wobei er aber paradoxerweise durchwegs von „deutscher Renaissance" spricht.[78] Sittes „Feindseligkeit gegenüber dem Katholizismus", so schreibt Schwarz unter Zuhilfenahme von Mönningers Vorarbeit, „steht in engem Kontext mit den pangermanischen Bestrebungen Bismarcks und dessen Kulturkampf gegen Rom, der auch in Österreich in deutschnationalen Kreisen große Beachtung fand".[79] Dies hinderte den Architekten freilich nicht daran, ausgerechnet den katholischen Sakralbau als Test-feld seiner wagnerianisch und deutschnational inspirierten Suche nach einer „Zukunfts-Religion für Atheisten" (Mönninger)[80] zweckzuentfremden.[81]

Bildbasierte Aufhübschungen des Status quo

Die regressiven Potenziale von Sitte haben in den letzten Jahren vor allem im Kontext von „Stadtbaukunst"-Akteur:innen Boden gut gemacht. Deutlich wird diese Tendenz etwa beim publizistischen Doppelschlag des Münchner Architekten und Hochschullehrers Matthias Castorph, der in den letzten Jahren mit Neuherausgaben bekannter Texte hervortrat, die allesamt von Architekten, Städtebauern und Theoretikern der Sitte-Linie im ersten Drittel des 20. Jahrhunderts geschrieben wurden: Karl Henricis *Beiträge zur praktischen Ästhetik im Städtebau* (1904) oder Cornelius-Gurlitts *Handbuch des Städtebaus* (1920) sind hier vor allem zu erwähnen. Beginnen wir mit Henrici, den Gerhard Fehl mit vielen Zitatbelegen als nationalistischen Brückenbauer zwischen Sitte und dem

Nationalsozialismus verortete. Fehl tat dies auch im Widerspruch zu seinem Aachener Fakultätskollegen Gerhard Curdes, der gemeinsam mit Renate Oehmichen 1981 das Buch *Künstlerischer Städtebau um die Jahrhundertwende – Der Beitrag von Karl Henrici* veröffentlicht hatte. Darin wenden sich Curdes und Oehmichen gegen einen 1980 in der *Stadtbauwelt* veröffentlichten Aufsatz Fehls, nämlich „Stadtbaukunst versus Stadtplanung – Zur Auseinandersetzung Camillo Sittes mit Reinhard Baumeister", und werfen ihm mangelnde Ausgewogenheit vor.[82] Die apologetische Publikation von Curdes und Oehmichen bestätigt indes nur Fehls Treffsicherheit bezüglich Henrici. So beklagt sich dieser in seinem Aufsatz „Von welchen Gedanken sollen wir uns beim Ausbau unserer deutschen Städte leiten lassen?" (1894) in kaum verhüllten antisemitischen Codes über den „krassen berechnenden Materialismus [...], der kein Vaterland kennt und dem nur gerecht ist, was sich ziffernmäßig berechnen und buchen lässt".[83]

Castorph beklagt in seinem „Vorwort zur Neu-Herausgabe" zu Henrici, dass sowohl „der Autor als auch die Inhalte [...] über 100 Jahre nach Erscheinen der Texte praktisch vergessen"[84] seien – und glaubt behaupten zu können, dass „aktuell keine Auseinandersetzung mit seinen vielschichtigen Themen und Thesen"[85] stattfinde. In einer Fußnote schreibt er beiläufig, dass die „letzte umfassende wissenschaftliche Auseinandersetzung mit Person und Werk [...] vor fast 40 Jahren an der RWTH Aachen"[86] erfolgte – eben mit der Curdes-Oehmichen-Publikation –, doch Fehls Kritik daran, hinter der sich eine für heutige Debatten paradigmatische Auseinandersetzung zwischen Planungstheorie und Städtebau im Sinne von Stadtbaukunst verbirgt, erwähnt er gar nicht. Castorph stellt die Neuauflage von Henricis *Beiträge zur praktischen Ästhetik im Städtebau* unterkomplex als „Lesebuch der undogmatischen Thesen Henricis" vor,[87] als „Rückbesinnung auf schon früh formulierte – intelligente und im Kern zeitlose Gedanken, deren Rezeption ein umfassendes städtebauliches Vokabular und städtebauliche Werkzeuge für unsere Zeit wieder verfügbar machen kann".[88] Zwar seien die Texte Henricis sprachlich „etwas aus der Zeit gefallen",[89] da „etwas gewunden",[90] doch es sei Zeit, die „verkürzende Darstellung und ‚Klassenbildung' der städtebaulichen Haltungen in ‚malerisch' oder ‚funktional' innerhalb der Stadtbaugeschichte"[91] endlich aufzuheben. Immerhin, so Castorph, habe Henrici schon vor mehr als einem Jahrhundert noch heute aktuelle Fragen gestellt wie diese: „Wie lassen sich die Wohnungsnot der arbeitenden Klasse, die ‚Wohnungsfrage' lösen bzw. lindern? Als politisch denkender Planer interessiert er sich dann auch für Ursache und Wirkungen des ‚Spekulantentums' und der damit verbundenen ‚Bodenfrage'."[92]

Doch die Antworten, die Henrici darauf liefert, waren konservative, rechte – sie sind es heute umso mehr –, und etwaige Hoffnungen, in ihm einen bis dato übersehenen Marxisten vorzufinden, sind unbegründet. Ganz im Geiste Sittes werden bei Henrici Eigentums- und Bodenfragen mit bildbasierten Aufhübschungen des Status quo beantwortet: „Wirksamer aber wird das Spekulationsfieber bekämpft und der unvernünftigen Steigerung der Bodenpreise vorgebeugt werden, wenn man sich entschließt, die Bebauungspläne von vornherein so einzurichten oder dahin abzuändern, dass die Grundbesitzer möglichst wenig beunruhigt werden und es ihnen leicht gemacht wird, entweder ihren Fleck zu behalten und selbst zu bebauen, oder ihn wenigstens unmittelbar an den zu verkaufen, der da selbst bauen und wohnen will."[93]

So sollten alle sozial an ihrem Platz blieben – und dies sollte auch baulichen Ausdruck finden: „Ich halte es für einen Irrtum zu glauben, dass man den gewöhnlichen Arbeiter beglücken und ihm wahrhaft helfen könne mit Wohnungseinrichtungen, die über das für seine Lebenshaltung Notwendige hinausgehen, oder die zu seinen Lebensgewohnheiten nicht passen."[94] Im vielleicht klarsten Kapitel des Buches, einem Aufsatz, der unter dem Titel „Betrachtungen über die Pflege des Heimatlichen im ländlichen und städtischen Bauwesen" 1904 in *Deutsche Monatsschrift* veröffentlicht wurde, macht Henrici besonders deutlich, worum es ihm geht: um Heimatstiftung für eine deutschtümelnde bürgerliche Welt: „In jedem einzelnen Fall, wo Auge und Gemüt verletzt werden durch den Missklang, den das Neue in den alten Bestand hineingebracht hat, wird sich nachweisen lassen, dass es nur der Fähigkeit und des guten Willens bedurft hätte, um den Ton zu treffen, auf welchen durch Natur und Kunst die Umgebung eingestimmt war, und damit im einzig wahren und besten Sinne des Wortes Heimatkunst zu betreiben."[95] Summa summarum muss konstatiert werden, dass Castorphs Henrici-Neuherausgabe, die nach dem Motto „Das alte Buch und ich – dazwischen nichts" verfährt und den jüngeren Forschungs- und Debattenstand um den Aachener Städtebauer ignoriert, bewusst oder unbewusst ultrakonservativen zeitgenössischen Stadtbaukunst-Positionen in die Hände spielt.

Gegen Raster-Städte

Sechzehn Jahre nach Henricis *Beiträgen* erschien das ebenfalls von Sitte stark geprägte *Handbuch* von Cornelius Gurlitt, dem zwischen 1893 und 1920 an der TH Dresden wirkenden Professor für Architekturgeschichte. Sitte wird darin als „Prophet" bezeichnet, „der im eigenen Land nichts gelte"[96] – mit der Konsequenz, dass Wien, die historisch „vornehmste und größte *alte* deutsche Stadt", so sehr in die Fänge der Verkehrsplaner und anderer Platz-Plattmacher geraten sei, „dass es sachkundiger Führer bedarf, wenn man Spuren von Alt-Wien erkennen will".[97] Von besseren Zeiten sei nur die „Flauheit" einer „Linienführung" übrig geblieben, mit der weder das Bild einer „gut angelegten modernen, noch das einer alten Stadt" herzustellen gelang.[98] Gurlitts *Handbuch* wurde bis auf wenige Ausnahmen jahrzehntelang ignoriert. Doch im Jahre 2020 – exakt 100 Jahre nach der Erstveröffentlichung – legte Matthias Castorph eine Neuedition vor. Gurlitts Kernaussagen, so der Herausgeber, seien „offensichtlich zeitlos".[99] Sie könnten, wenn wir uns mit ihnen beschäftigten, „unseren Möglichkeitsraum im städtebaulichen Entwurf wieder deutlich erweitern".[100] Castorph sieht in dem *Handbuch* einen produktiven Umgang mit all jenen städtebaulichen Themen präfiguriert, die seit dem frühen 20. Jahrhundert nichts an Aktualität eingebüßt haben: „Wie sollen wir beispielsweise mit dem ungebremsten Veränderungsdruck der Städte, mit der Wohnungsnot und den steigenden Mieten in den prosperierenden Großstädten, dem ungebremsten Wachstum des Verkehrs mit allen negativen Folgen, den architektonisch-räumlichen-gestalterischen Unzulänglichkeiten der gebauten Umwelt und den Herausforderungen der Umweltzerstörung in Zeiten des Klimawandels umgehen?"[101] „Für das heutige Handeln", glaubt der Herausgeber, seien „die theoretischen Ansätze wertvoll, die den technischen und wirtschaftlichen Betrachtungen hinterlegt sind."[102]

Wie sehen nun Gurlitts theoretischen Ansätze aus? Der Städtebau, so der Autor wenig theoriegläubig, solle sich vor allem „wie jede Kunst [...] vor dem Systematisieren" hüten.[103] Zwar spricht er sich gegen Raster-Städte aus, denn: „Der Wind durchstreicht die Stadt, von welcher Richtung er auch kommen mag: Sie wird zugig."[104] Doch gleichzeitig konstatiert er: „Nicht ob breite oder schmale, gerade oder gekrümmte Straßen, ob offene oder geschlossene Plätze, ob rechtwinklige oder spitze Blockecken, ob individuell oder typisch ausgebildete Schauseiten, ob regelmäßige oder malerische Straßenbilder ,richtig' sind, gilt es zu entscheiden, sondern ob diese oder jene Form unter den gegebenen Umständen anzuwenden ist."[105] Dabei spricht er sich im Unterschied etwa zu Sitte gegen die Verwendung malerischer Bilder im Städtebau aus, da sie „das Wesen städtebaulicher Kunst nicht wiederzugeben vermögen, nämlich dass ihre Reize im Umherwandeln erkannt werden, durch ,Abtasten' der plastischen Gegenstände mit den sich fortbewegenden Augen".[106] Gurlitt: „Die Kunst des Städtebauers wird ausgeübt auf dem Papier. Er schafft nicht Stadtbilder, Straßenbilder, Platzbilder. Er schafft nur die Grundlage für diese."[107] Konkret wird der Autor vor allem bei städtebaulichen Detailfragen, etwa bei Empfehlungen wie jenen, dass ein Umschalthaus wie ein Umschalthaus aussehen solle, „nicht wie ein Waffenschrank".[108]

Aber ein Leser auf der Suche nach städtebaulichen Reaktionen auf Wohnungsnot, Verkehrswende und die drohende Klimakatastrophe würde enttäuscht werden. Denn Gurlitts *Handbuch des Städtebaus* bietet – wie die gesamte Tradition der Stadtbaukunst seit 1900 bis heute – rein formale Reaktionen auf gesellschaftliche Herausforderungen. So schreibt Gurlitt: „In diesem Buche wurde versucht, die Grenzen einzuhalten, in denen sich die Arbeit des Städtebauers zu vollziehen hat, den Gebieten gegenüber, die anderen Berufszweigen zuzuweisen sind."[109] Damit meint er vor allem „Fragen der Boden- und Wohnungspolitik",[110] aber auch allgemein „die Sozialpolitik und die aus ihr sich ergebende Gesetzgebung".[111] Der Autor schneidet zwar Themen wie Bodenreform,[112] Terraingesellschaften[113] oder Zuwachssteuer an,[114] doch werden diese eher rapportiert als kommentiert – und

Stephan Trüby

Zusammenfassend ist zu sagen, dass der urbanistische Diskurs um die „Stadtbaukunst" in Deutschland, der jahrzehntelang bei Camillo Sitte seinen einzigen wichtigen theoretischen Bezugspunkt fand, nun um die Namen Henrici und Gurlitt erweitert wurde.

Streit um Sitte. Eine Diskursrekonstruktion aus aktuellem Anlass

175

als Gebiete jenseits des eigentlichen Städtebaus ausgewiesen. Problematische Entwicklungen wie die Bodenspekulation oder überteuerte Wohnungen hat Gurlitt zwar auf dem Schirm, will aber gleichzeitig an die „Anforderungen wohlhabenderer Kreise und die Vorbereitung für den Bau aufwändiger Wohnhäuser" denken.[115] Entsprechend empfiehlt er auch, bei der Neuanlage von Straßen so gut wie möglich bestehende Grenzen zu berücksichtigen, um nicht in Eigentumsstrukturen einzugreifen: „Die Erde ist an Einzelbesitzer verteilt."[116]

Wie viele deutsche Konservative in den 1920er Jahren setzte auch Gurlitt schon früh auf die Rosskur der extremen Rechten, um sich sozialistischer oder auch nur sozialdemokratischer Tendenzen zu erwehren. Dies wird im *Handbuch* vor allem in einer kurzen Schlusspassage deutlich, in der er ausführt: „Gerade weil die Zukunft unseres Volkes umdüstert vor uns liegt, soll der Städtebau zum Ausdruck großer Hoffnungen, zum Mittel für fernliegende wirtschaftliche und künstlerische Ziele werden. Entstanden aus dem Vertrauen auf unsere völkische Kraft soll er dieses Vertrauen durch Taten für die kommenden Geschlechter bekunden. Er sei der Ausdruck des festen Willens auf einen kräftigen Aufschwung."[117] Es kann vor dem Hintergrund dieser Äußerung kaum verwundern, dass Gurlitt später ein Unterstützer Adolf Hitlers wurde – und dies, obwohl er wegen der Herkunft seiner Mutter im Nationalsozialismus als „Halbjude" galt und es daher zu seinem Tod im Jahre 1938 keine offiziellen Würdigungen gab. Fritz Schumacher sollte zwar im Jahre 1941 noch ein Kapitel des *Handbuchs* in seinem *Lesebuch für Baumeister* abdrucken,[118] aber abgesehen davon wurde es still um Gurlitt. Dies dürfte bei einem Autor, der kaum zu aktualisieren, nur zu historisieren ist, auch weiterhin so bleiben.

Zusammenfassend ist zu sagen, dass der urbanistische Diskurs um die „Stadtbaukunst" in Deutschland, der jahrzehntelang bei Camillo Sitte seinen einzigen wichtigen theoretischen Bezugspunkt fand, nun mit Matthias Castorphs Neuauflagen um die Namen Henrici und Gurlitt erweitert wurde – was aber insbesondere im ersteren Falle auf eine unkritische Normalisierung völkischer Positionen im Stadtbaukunst-Diskurs hinausläuft.

1 Hierfür stehen etwa die Situationisten um Guy Debord, aber auch Henri Lefebvre, Pier Luigi Cervellati oder Alexander Mitscherlich. – Vgl. Stephan Trüby: „Vom Recht auf Stadt zur gerechten Stadt", in: *Marlowes*, 28. Juni 2021. https://www.marlowes.de/vom-recht-auf-stadt-zur-gerechten-stadt/; zuletzt abgerufen am 30.1.2023.

2 Hierfür stehen Namen wie Wolf Jobst Siedler sowie Léon und Rob Krier. – Vgl. Trüby, ebd.

3 Eine Nachfolgeinstitution nennt sich seit 1990 „Camillo Sitte Lehranstalt", seit 2018 „Camillo Sitte Bautechnikum", wo rund 150 Lehrende im Rahmen einer Tages- und berufsbegleitenden Abendschule ca. 1.300 Schüler:innen und Studierende ausbilden.

4 Nikolaus Pevsner: *Visual Planning and the Picturesque*, hg. v. Mathew Aitchison, Getty Publications, Los Angeles 2010.

5 Marcel Hénaff: *La ville qui vient*, L'Herne, Paris 2008.

6 Man denke etwa an Verlautbarungen wie die „Kölner Erklärung" (2014), „100% Stadt" (2014), die „Düsseldorfer Erklärung" (2019) und „Gegen die Düsseldorfer Deregulierung" (2019).

7 Camillo Sitte: *Der Städtebau nach seinen künstlerischen Grundsätzen. Ein Beitrag zur Lösung moderner Fragen der Architektur und monumentalen Plastik unter besonderer Beziehung auf Wien* [1889], Birkhäuser, Basel 2002, 25.

8 Ebd., 37.

9 Ebd., 93.

10 Vgl. Gerhard Fehl: *Kleinstadt, Steildach, Volksgemeinschaft. Zum „reaktionären Modernismus" in Bau- und Stadtbaukunst"*, Vieweg, Braunschweig/Wiesbaden 1995, 43.

11 Ebd.

12 Ebd., 66.

13 Ebd., 27.

14 Vgl. ebd., 30f.

15 Vgl. ebd., 34.

16 Ebd., 40.

17 Sitte 2002, 102.

18 Fehl 1995, 42.

19 Ebd., 64.

20 Vgl. ebd., 39.

21 Karl Henrici: „Nachruf auf Camillo Sitte" [1904],

zit. nach Fehl 1995, 64.

22 Ebd., 99.

23 Ebd., 100.

24 Karl Henrici: „Die künstlerischen Aufgaben im Städtebau" [1891], zit. nach Fehl 1995, 102.

25 Ebd.

26 Ebd.

27 Karl Henrici „Von welchen Gedanken sollen wir uns beim Ausbau unserer deutschen Städte leiten lassen?" [1894], zit. nach Fehl 1995, 127.

28 Fehl 1995, 126.

29 Heinz Wetzel: *Wandlungen im Städtebau* [1942], zit. nach Fehl 1995, 164.

30 Fehl 1995, 58.

31 Jeffrey Herf: *Reactionary Modernism: Technology, Culture, and Politics in Weimar and the Third Reich*, Cambridge University Press, Cambridge, Mass. 1986.

32 Michael Mönninger: *Vom Ornament zum Nationalkunstwerk. Zur Kunst- und Architekturtheorie Camillo Sittes*, Vieweg, Braunschweig/Wiesbaden 1998, 9.

33 Ebd.

34 Ebd., 10.

35 Ebd.

36 Ebd.

37 Ebd., 18 (Fußnote 10).

38 Ebd., 17f. (Fußnote 5).

39 Vgl. ebd., 23.

40 Vgl. ebd., 173.

41 Ebd., 24.

42 Camillo Sitte: „Richard Wagner und die Deutsche Kunst" [1875], zit. nach Mönninger 1998, 88.

43 Vgl. Mönninger 1998, 53.

44 Camillo Sitte: „Brief an Ferdinand von Feldegg vom 6. Dezember 1899", zit. nach Mönninger 1998, 198.

45 Ebd., 199.

46 Mönninger 1998, 15f.

47 Ebd.

48 Ebd.

49 Sitte [1899], zit. nach Mönninger 1998, 35.

50 Ebd.

51 Mönninger 1998, 13.

52 Ebd.

53 Vgl. Camillo Sitte: „Enteignungsgesetz und Lageplan" [1904], zit. nach Mönninger 1998, 212.

54 Ebd.

55 Mönninger 1998, 17.

56 Klaus Semsroth: „Vorwort", in: ders./Kari Jormakka/Bernhard Langer (Hg.): *Kunst des Städtebaus. Neue Perspektiven auf Camillo Sitte*, Böhlau, Wien 2005, V–X: IX.

57 Vgl. Semsroth, ebd., VIII.

58 Ebd.

59 Vgl. Stanford Anderson: „Camillo Sitte: Methoden der Rezeption", in: Semsroth et al. 2005, 111–128.

60 Vgl. Kari Jormakka: „Der Blick vom Turm", in: ebd., 1–26.

61 Riitta Nikula: „Camillo Sitte und Finnland", in: ebd., 149–170.

62 Vgl. Anthony Vidler: „Stadtängste und Städtebau", in: ebd., 257–274.

63 Vidler, ebd.

64 Bernhard Langer: „Künstlerischer Städtebau vs. Junkspace", in: ebd., 91–110: 92.

65 Ákos Moravánsky: „Erzwungene Ungezwungenheiten. Camillo Sitte und das Paradox des Malerischen", in: ebd., 47–62: 62.

66 Langer, ebd., 92.

67 Ebd., 91.

68 Wolfgang Sonne: „Politische Konnotationen des malerischen Städtebaus", in: ebd., 63–90: 63.

69 Ebd., 64.

70 Ebd., 65.

71 Ebd.

72 Ebd., 65f.

73 Ebd., 89.

74 Camillo Sitte: „Zur Genelli-Ausstellung", in: *Der Wanderer*, 27. April 1869, zit. nach Mario Schwarz: „Ideologie und Stilbegriff", in: Semsroth et al. 2005, 171–182: 178.

75 Schwarz ebd., 174.

76 Ebd.

77 Vgl. ebd.

78 Vgl. ebd., 177.

79 Ebd., 178.

80 Ebd., 181.

81 Vgl. ebd., 182.

82 Gerhard Curdes: „Entwicklung der Entwurfsauffassung von Karl Henrici", in: ders./Renate Oehmichen (Hg.): *Künstlerischer Städtebau um die Jahrhundertwende – Der Beitrag von Karl Henrici*, Kohlhammer, Stuttgart 1981, 11.

83 Henrici: „Von welchen Gedanken sollen wir uns beim Ausbau unserer deutschen Städte leiten lassen?" [1894], in: ebd., 132.

84 Matthias Castorph: „Vorwort zur Neu-Herausgabe", in: Karl Henrici: *Beiträge zur praktischen Ästhetik im Städtebau* [1904], Franz Schiermeier, München ²2018, 9.

85 Ebd.

86 Ebd., 9 (Fußnote 2).

87 Ebd., 10.

88 Ebd.

89 Ebd., 11.

90 Ebd., 10.

91 Ebd., 12.

92 Ebd., 11.

93 Henrici: „Der Erlass von Baupolizeivorschriften für die Umgebungen und Vororte von Großstädten" [1892], in: ders.: 2018, 139f.

94 Henrici: „Über billige Wohnungen, kleine Häuser, Mietskasernen, Staffelbauordnungen und dergleichen" [1902], in: ebd., 147f.

95 Henrici: „Betrachtungen über die Pflege des Heimatlichen im ländlichen und städtischen Bauwesen" [1904], in: ebd., 270.

96 Cornelius Gurlitt: *Handbuch des Städtebaus* [1920], Franz Schiermeier, München ²2020, 306.

97 Ebd.

98 Ebd., 306f.

99 Castorph 2018, 7.

100 Ebd.

101 Ebd.

102 Ebd.

103 Gurlitt 2020, 31.

104 Ebd., 274.

105 Ebd., 31.

106 Ebd., 34.

107 Ebd.

108 Ebd., 258.

109 Ebd., 435.

110 Ebd., 31.

111 Ebd.

112 Vgl. ebd., 442.

113 Vgl. ebd., 436.

114 Vgl. ebd., 440.

115 Ebd., 463.

116 Ebd., 492.

117 Ebd., 542.

118 Castorph 2018, 10.

Wolfgang Sonne

Vorne – Hinten. Städtebau braucht Differenz

Die meisten Neubauplanungen basieren heute auf der einfachsten Bauvorstellung und setzen autonome Kisten in undefinierte Räume. Diese Kisten – ob zum Wohnen, zum Arbeiten, ob in der Stadt oder im Gewerbegebiet – sind auf allen Seiten gleich und der Raum drumherum ist unbestimmter und unnutzbarer Restraum: übriggebliebener Umraum des egozentrischen Baukörpers.

Stadtraum ist das Gegenteil davon: definiert, baulich gefasst, vielfältig genutzt, Raum der Gesellschaft in all ihren Facetten. Die Baukörper in der Stadt sind nicht autonome Egoisten, sondern stellen sich zusammen und bilden dadurch die Räume der Stadt: Plätze, Straßen, Gassen, Parks. In der Stadt ist der Stadtraum das Zentrale, die Baukörper fügen sich ein und formen ihn, indem sie mit ihren Fassaden Straßen- und Platzwände bilden. Raum in der Stadt ist seit jeher kostbar, es bleiben keine dysfunktionalen Resträume um alleinstehende Baukörper übrig.

Es gibt viele Gründe dafür, dass heute Stadtplaner, Architektinnen und Auftraggeber auf diese letztlich primitive und asoziale Bauform des den Stadtraum ignorierenden alleinstehenden Kubus zurückfallen, selbst wenn sie in ihren blumigen Absichtserklärungen anderes verkünden: Abstands-, Belichtungs-, Lärm- und Hygienevorschriften, ökonomische Erwägungen, ökologische Beweggründe, eine bereits 120-jährige Propagierung und Institutionalisierung von Gartenstadt und Siedlung, eine ebenso lange Verteufelung der kompakten Stadt.

Doch alle diese Gründe rechtfertigen es nicht, die Nachteile und Verluste einer solchen „aufgelockerten" Bauweise zu ignorieren: So entstehen keine Stadträume, die durch ihre Gestalt Menschen einladen, sich dort zu bewegen und aufzuhalten. Es entstehen keine Stadträume, die mit ihrer baulichen Fassung eine klare Definition des öffentlichen Raums bieten. Es entstehen keine Stadträume, denen die angrenzenden Häuser mit ihren Fassaden ein interessantes und gedankenanregendes Aussehen verleihen. Es entstehen – und dies ist der zentrale Kern des Problems – keine Stadträume mehr, die sich an eine Öffentlichkeit richten und dieser vielfältig verfassten Öffentlichkeit zur Verfügung stehen. Und vice versa entstehen auch keine Stadträume mehr, die in der Stadt als Privaträume zur Verfügung stehen und alternative Nutzungen in der Stadt ermöglichen. Autonome Kisten in undefinierten Räumen: Eine solche Siedlungsstruktur hat sowohl den Straßenraum als auch den Hofraum aufgelöst – und die Differenz öffentlicher und privater Räume in der Stadt ausgelöscht.

Dabei handelt es sich aber nicht einfach nur um eine andere Auffassung von Städtebau, sondern um eine Bauweise, die stadtzerstörend wirkt. Denn diese dezidiert antistädtische Bauweise legt die Axt an den Stamm dessen, was Stadt gesellschaftlich ausmacht: die Differenzierung von Öffentlichkeit und Privatheit. Erst die Städte ermöglichten die Entstehung dieser getrennten Sphären, die für unsere modernen Lebensentwürfe, Wertvorstellungen und Rechtssysteme so grundlegend sind. Soziologen haben dieses Phänomen mit unterschiedlichen Begriffen beschrieben. 1903 sprach Georg Simmel in seinem Vortrag *Die Großstädte und das Geistesleben* von der „Blasiertheit" des Großstädters, mit der er gleichsam seine individuellen Regungen hinter einer einheitlichen Fassade verstecken könne. Die typische Haltung des Großstädters im Verhalten sei die „Reserviertheit", die erst eine „Freiheit" der Individuen ermögliche.[1]

Die Differenzierung von Privatheit und Öffentlichkeit als Grundbedingung einer städtischen Lebensweise hat der Soziologe Hans Paul Bahrdt in seinem Buch *Die moderne Großstadt* 1961 als „unvollständige Integration" beschrieben.[2] Im Unterschied zum Land- oder Hofleben habe der Städter die Möglichkeit, unterschiedlichen sozialen Gruppen anzugehören. Daraus ergebe sich die Unterscheidung des Privaten und Öffentlichen als Charakteristikum der Stadt: „Eine Stadt ist eine größere Ansiedlung von Menschen, in der die sich aus dem Zusammenwohnen ergebenden sozialen Kontakte und Institutionalisierungen die Tendenz zeigen, entweder privat oder öffentlich zu sein."[3] Dieser Trennung von sozialen Sphären entsprach auch eine räumliche Trennung: „Die klassische Gestalt der europäischen Stadt ist ein Ausdruck der Tatsache, dass sich das Leben in ihnen nach der Grundformel der Polarität und Wechselbeziehung von öffentlicher und privater Sphäre ordnete."[4] Insbesondere die „Herausbildung geschlossener, ringartiger Baublöcke" entsprach dieser Polarität: „Der Baublock schuf zwei Räume, fast könnte man sagen, zwei Welten, die zwar innig aufeinander bezogen, aber deutlich voneinander getrennt existierten: Erstens die Welt der öffentlichen Plätze und Straßen, in der die Kirchen und anderen öffentlichen Gebäude an hervorragenden, ‚repräsentativen' Stellen lagen. Zweitens die Welt der privaten Wohnbauten und ihrer Höfe und Gärten, deren privater Charakter dadurch gesichert war, dass der Zugang zu der privaten Zelle auf einem Umweg über die öffentliche Straße erfolgte."[5] Für den Soziologen Bahrdt war die bauliche Unterscheidung in Vorder- und Rückseiten das städtebauliche Äquivalent zur sozialen Unterscheidung von öffentlicher und privater Sphäre, die wiederum für die Stadt konstitutiv ist. Kurz könnte man also auch sagen: Ohne Rückseiten keine Stadt.

Die konstituierende Bedeutung des öffentlichen Lebens für die Stadtgesellschaft betonte der Soziologe Richard Sennett in seinem epochalen Werk über den *Verfall und Ende des öffentlichen Lebens. Die Tyrannei der Intimität*, dessen amerikanische Originalausgabe 1977 erschien. Das Verwischen der Grenze zwischen Privatem und Öffentlichem sowie der Verfall des öffentlichen Lebens durch eine distanzlos übergreifende Privatheit diagnostizierte er als zentrales Kultur- und Gesellschaftsproblem seiner Zeit: „Die Überzeugung, wahre zwischenmenschliche Beziehungen bestünden in Enthüllungen von Persönlichkeit zu Persönlichkeit, hat auch unser Verständnis für die Zwecke der Stadt verzerrt. Die Stadt ist das Instrument nichtpersonalen Lebens, die Gußform, in der Menschen, Interessen, Geschmacksrichtungen in ihrer ganzen Komplexität und Vielfalt zusammenfließen und gesellschaftlich erfahrbar werden. Die Angst vor der Anonymität zerbricht diese Form. In ihren hübschen, säuberlichen Gärten unterhalten sich die Leute über die Schrecken von London oder New York; hier in Highgate oder Scarsdale kennt man seine Nachbarn; gewiß, es ist nicht viel los, aber dafür ist das Leben sicher. Das ist die Rückkehr ins Stammesleben."[6] Doch städtisches Leben ist mehr als vorstädtisches

Stammesleben, es besteht aus öffentlichen und privaten Verhaltensweisen und räumlich-baulicher Differenzierung – dem Vorne und dem Hinten. Die Vorderseiten sind als Straßen- und Platzwände anspruchsvoll gestaltet, um den Bedürfnissen der urbanen Öffentlichkeit gerecht zu werden. Die Rückseiten sind oftmals informell und entsprechen den individuellen Wünschen der privaten Nutzer.[7]

Und während die Siedlung auf eine Überwindung des Gegensatzes von Stadt und Land zielt, baut das Stadtquartier auf einer affirmativen Definition des Urbanen im Unterschied zum Ländlichen auf. Während die Siedlung ein letztlich biologisch begründetes Kolonisationsmodell darstellt, basiert das Stadtquartier auf einem kulturellen Verständnis der Konventionen des Zusammenlebens. Während die Siedlung meist sozial homogen als Nachbarschaft konzipiert ist, geht das Stadtquartier von potenzieller sozialer Heterogenität und einer Differenzierung der öffentlichen und privaten Sphäre aus. Während die Siedlung meist monofunktional Wohnen vorsieht, steht im Stadtquartier das Wohnen in einem Zusammenhang mit vielen anderen Tätigkeiten. Während in der Siedlung die Baukörper als Solitärbauten zumeist im Grünraum schwimmen, gestaltet das Stadtquartier mit den Wohnbauten am Blockrand öffentliche Räume wie Straßen und Plätze. Während die Bauten der Siedlung meist schmucklose Wände zum umgebenden Grünraum ausbilden, wenden sich die Häuser des Stadtquartiers mit ihren gestalteten Straßenfassaden an die städtische Öffentlichkeit. Bautypen der Siedlung sind das Reihenhaus, die freistehende Zeile oder das Punkthochhaus; städtische Wohnbautypen sind das Stadthaus auf der Parzelle am Blockrand oder der Reformblock.[8]

Das Verständnis für diese Differenzierung von öffentlichen und privaten Räumen gilt es wiederzugewinnen, wenn mit den neuen Wohnhäusern tatsächlich urbane Quartiere entstehen sollen. Es reicht nicht, sich mit ökologischer Nachhaltigkeit, ökonomischer Machbarkeit, funktionaler und sozialer Mischung oder den rechtlichen Rahmenbedingungen für neuen urbanen Wohnungsbau zu beschäftigen. Es muss auch untersucht werden, mit welchen städtebaulichen und architektonischen Typen von Blöcken, Häusern, Grundrissen und Fassaden das allseits gewünschte urbane Quartier erreicht werden kann. Anstatt den über Jahrzehnte antrainierten Siedlungsbau einfach fortzusetzen oder aufs Geratewohl wieder mit bereits mehrfach gescheiterten Versuchen zu experimentieren, ist es weitaus sinnvoller, einmal genauer die bestehenden beliebten und schönen Stadtquartiere in unseren Städten zu analysieren und daraus Lehren zu ziehen.[9] Denn eigentlich ist es ganz einfach: Wenn wir Stadtquartiere wollen, müssen wir auch Stadtquartiere bauen!

Wir brauchen normale Stadthäuser, in denen es unterschiedliche, umnutzbare Wohnungstypen gibt. [...] In der Stadt ist der öffentliche Stadtraum das Zentrale, die Baukörper fügen sich ein und formen ihn, indem sie mit ihren Fassaden Straßen- und Platzwände bilden.

1. Stadtquartiere sind Teil des feinmaschigen Straßennetzes der Stadt.

Stadtquartiere sind keine geschlossenen Gesellschaften, die sich vom Rest der Stadt abgrenzen. Sie sind auch keine besonderen Einheiten, die der Stadt etwas anderes entgegensetzen, wie das die Gartenstädte und Siedlungen tun. Stadtquartiere bilden sich nicht auf dem Muster von Sackgassen und autogerechten Schlaufenerschließungen, sondern von einem feinmaschigen Straßennetz, das eine vielfältige und maximale Beweglichkeit im Quartier ermöglicht. „Kurze Blöcke" lautete deshalb die Forderung von Jane Jacobs, um urbane Quartiere zu schaffen. Dieses feinmaschige Straßennetz bildet die öffentliche Struktur der Stadt; auch mit besten Absichten davon ausgesonderte verkehrsreduzierte und emissionsminimierte Wohnstraßen unterlaufen dieses städtische Prinzip des Wegenetzes und schaffen private Inseln auf Kosten längerer Verkehrswege im Umfeld. Und: dieses feinmaschige Straßennetz der Stadtquartiere muss an das feinmaschige Straßennetz der bestehenden Stadt anschließen, um Teil der Stadt und zu keiner Sonderzone werden zu können. Alle neuen Stadtquartiere entstehen in bereits existierenden Städten, deshalb müssen sie zu echten Stadterweiterungen, zur bruchlosen Fortsetzung der Stadt mit städtischen Mitteln, werden.

2. Stadtquartiere setzen sich aus klar unterschiedenen öffentlichen und privaten Räumen zusammen.

Wohnsiedlungen träumen von einem homogenen Gemeinschaftsraum: entweder ist alles total privat wie in den Einfamilienhausvororten, oder alles total öffentlich wie in den Siedlungsgebieten des kommunalen Wohnbaus. Das Rückgrat des Stadtquartiers bilden aber – wie auch sonst in der Stadt – die öffentlichen Räume, die Straßen und Plätze. Im Schatten dieser öffentlichen Räume und davon strikt geschieden entfalten sich private Räume, die fürs individuelle Wohnen zur Verfügung stehen. Nur wenn beides vorhanden ist – öffentlicher und privater Raum – kann städtisches Leben und damit ein Stadtquartier entstehen. Denn es ist die Stadt, in der die Ausdifferenzierung von öffentlicher und privater Sphäre entstanden ist, und erst diese Ausdifferenzierung und Unterscheidung macht unser individuell liberales gleichberechtigtes Leben möglich.

3. In Stadtquartieren wird der öffentliche Raum durch die Fassaden der Häuser am Blockrand geformt (Vorne).

Der öffentliche Raum in unseren Städten ist nicht nur durch den Bodenbelag geprägt, sondern auch ganz wesentlich durch die Fassaden der (privaten) Wohnhäuser. Wenn wir aber diese Wohnhäuser stets so denken, dass alle ihre Fenster zu einem diffusen Grünraum gehen müssen, dann kann logischerweise kein öffentlicher Stadtraum entstehen – und somit auch kein Stadtquartier. Städtebaulich bedeutet dies: Städtische Wohnhäuser wenden sich mit einer Vorderseite dem öffentlichen Raum wie der Straße oder dem Platz zu. Sie richten sich zum Blockrand hin aus. Ob sie dies in geschlossener oder offener Bauweise, mit oder ohne Vorgarten tun, hängt vom gewünschten Charakter des Quartiers ab. Architektonisch bedeutet dies: Private Stadtwohnhäuser bilden eine öffentliche Fassade aus. Privatistische Balkonkaskaden oder blanke Lärmschutzwände sind dafür unangemessen. Eine Stadthausfassade muss derart reichhaltig und schön sein, dass sie die Straße oder den Platz adressieren und die Betrachterinnen und Betrachter ansprechen kann.

4. Stadtquartiere bieten vielfältige private Räume im Hof (Hinten).

Wenn das Stadthaus vorne eine anspruchsvolle Gestaltung zeigt, so darf es hinten ganz locker sein. Aus der Orientierung der Wohnhäuser zum Blockrand ergibt sich logischerweise ein privater Hofbereich im Blockinneren. Dieser Hof bzw. diese Höfe müssen nicht wie im Siedlungsbau durchgrünt und durchwegt sein, sondern den Bewohnern für die unterschiedlichsten Dinge, vom Gärtnern bis zum Werkeln, vom Wäschetrocknen bis zum Abstellen, vom Sonnen bis zum Feiern, zur Verfügung stehen. Die Rückseiten von Stadthäusern müssen nicht nach Standard durchgestaltet werden – sie können sich informell den individuellen Bewohnerwünschen durch An- und Umbauten im Lauf der Zeit anpassen. Die Nutzung und Gestaltung solcher Höfe kann dabei ganz unterschiedlich sein. Den privaten Wohnbedürfnissen kommen sicherlich Privatgärten der Erdgeschosswohnungen am meisten entgegen. Aber auch der gemeinsame Hofgarten für alle Bewohnerinnen und Bewohner des Blocks ist ein attraktiver Grünraum. Im Kontext der „produktiven Stadt" mit ihrer Funktionsmischung kann der Hofraum zudem vielfältigste Möglichkeiten privater gewerblicher Tätigkeiten bieten, die sich niemals im Abstandsgrün entfalten könnten: Vom Start-up bis zum Supermarkt kann fast alles, was heute noch autogerecht ins monofunktionale Gewerbegebiet verbannt wird, im Hof stattfinden. Auch wenn dem für Neuplanungen noch viele Regularien entgegenstehen: die bestehenden multifunktionalen Stadtquartier beweisen, dass es auch heute geht.

5. Stadtquartiere sind potenziell multifunktional.

Damit das Stadtquartier ein lebendiges Quartier mit Wohnen, Arbeiten, Einkaufen, Bilden und Erholen werden kann, muss schon das einzelne Wohnhaus Mischungen ermöglichen. Meist findet im Erdgeschoss etwas anderes statt als in den Obergeschossen; zumindest im Block oder in den benachbarten Blöcken des Quartiers muss alles möglich sein, was ein Stadtquartier braucht. „Potenziell" heißt: Es muss dabei nicht heute schon alles minutiös multifunktional durchgeplant sein – Nutzungsmischung und Nutzungsänderung müssen aber langfristig möglich sein. „Urbane Gebiete" sollten der Normalfall werden; reine „Wohngebiete" und „Gewerbegebiete" sollte es nur noch mit Sondergenehmigung geben.

6. Stadtquartiere sind potenziell sozial vielfältig und integrativ.

Ein Stadtquartier ist offen für Menschen unterschiedlicher sozialer Schichten, Herkunftsländer, Altersgruppen und Lebensweisen. Gated Communities oder Sozialwohnungssiedlungen sind mit ihrer fixierten sozialen Exklusivität antistädtisch. Soziale Mischung kann im Haus durch unterschiedliche Lagen und Größen von Wohnungen mit unterschiedlichen Qualitäten und Preisen etwa im Vorderhaus oder im Hofflügel, im Erdgeschoss oder im Dachgeschoss stattfinden. Zumindest aber muss das Quartier diverse Wohnungsarten bieten. „Potenziell" heißt auch hier, dass die soziale Mischung nicht vom Sozialplaner diktiert werden kann, sondern sich in der freien Gesellschaft ergeben können muss. Sie darf nicht durch immer gleiche Wohnungen von der Stange verhindert, sondern muss durch ein vielfältiges Wohnungsangebot ermöglicht werden.

7. In Stadtquartieren bildet das Haus den kleinsten Baustein.

Der bauliche Normalfall in der Stadt ist das Stadthaus auf der Parzelle im Block – egal, ob in der Antike, im Mittelalter, in der Neuzeit oder in der Moderne; egal, ob in Westeuropa, Nordamerika, Osteuropa oder Südamerika. Wenn dagegen großflächig ganze oder mehrere Blöcke von einem Investor entstehen, bewähren sie sich im langfristigen Umnutzungsprozess der Stadt nur, wenn sie aus einzelnen Hauseinheiten bestehen. Wie bei den britischen Developments mit ihren Terraces oder den Wohnblöcken der Berliner Terraingesellschaften ermöglichen die Hauseinheiten durch ihre Kleinteiligkeit wandelnde Besitzverhältnisse und Nutzungen. Großstrukturen, die nur als baulich-konstruktive Einheit existieren können, sind im urbanen Wandlungsprozess wie Dinosaurier: Sie sind nicht adaptabel. Der Grundbaustein der Stadt bleibt das einzelne Stadthaus – ob Reihenhaus oder Geschosswohnungshaus, ob vom privaten Bauherrn oder vom Großinvestor errichtet. Die urbanste Variante bildet das Haus auf der Parzelle im Block, das eine vielfältige Besitzstruktur im Quartier ermöglicht. Und wenn einmal ein Großentwickler unterwegs ist: Er muss die Hausregel beachten!

8. Stadtquartiere bestehen aus Stadthäusern mit langfristig nutzbaren Typologien.

Langfristig nutzbare Wohnhäuser in lebendigen Stadtquartieren haben Räume, die groß genug sind, dass sie für immer wieder andere Wohnbedürfnisse und sogar Arbeitsweisen passen. Wir denken immer noch viel zu spezifisch funktionalistisch und bauen Seniorenresidenzen, Studentenwohnheime, Familienhäuser, einmal was fürs experimentelle Wohnen, dann wieder etwas Konventionelles. Und dann wundern wir uns, dass jede Bevölkerungsgruppe artgerecht getrennt ist und das lebendige Miteinander eines städtischen Quartiers nicht entsteht. Wir brauchen keine Spezialwohnungsbauten, sondern normale Stadthäuser, in denen es unterschiedliche und umnutzbare Wohnungstypen gibt. Diese müssen wir nicht neu erfinden, sondern können auf den Haus- und Wohnungstypen aufbauen, die sich in den beliebten Quartieren der Städte bereits bewährt haben. Die Errichtung dieser Stadthäuser kann gerne von denselben Investoren wie denen der vormaligen Spezialbauten geleistet werden – sie wären in ihrer flexiblen langfristigen Nutzbarkeit ohnehin die bessere Wertanlage. Aus „Wohnbaugesellschaften" müssten „Stadtbaugesellschaften" werden.

9. Stadtquartiere bestehen aus Häusern mit wiedererkennbaren Elementen.

Wir haben uns daran gewöhnt, dass Abstraktion modern sei, dass Banalität billig sei, dass Serialität rational sei. Doch auch in Neubaugebieten werden Menschen wohnen, die ihr Quartier als wohnlich erfahren und zu ihrer Heimat entwickeln wollen. Diesseits der glatten Kuben kennt die Architektur vielzählige Elemente, die ein Gebäude als Wohnhaus in einer verständlichen und nachvollziehbaren Weise ausweisen können: das Dach, das als Sattel- oder Walmdach im Stadtraum sichtbar ist und die primäre Funktion des Wohnhauses, einen Schutzraum zu bieten, sinnlich erfahrbar werden lässt; der Giebel, der immer dann entsteht, wenn ein Satteldach senkrecht zur Straße steht; Erker, Balkone, Loggien, Altane, die allesamt einen privaten Wohnraum schaffen, der sich zugleich dem öffentlichen Außenraum zuwendet und öffnet; der private Vorgarten, der dem Erdgeschosswohnen Abstand von der Straße verschafft und zugleich als Schmuck für den öffentlichen Raum angelegt ist. Mit diesen Elementen und ihrer variantenreichen Anwendung hat es der Reformwohnungsbau der frühen Moderne geschafft, auch in der Großstadt wohnliche Quartiere zu errichten. Solche vielfältigen Elemente werden in Stockholm anders aussehen als in Neapel, in Brüssel anders als in Prag. Sie erfordern eine weitergehende *recherche patiente* als die Anwendung der WDVS-Standards. Doch sie bieten ein ungeheuer reichhaltiges Feld von ortstypischen Ausprägungen, das einer kreativen Anverwandlung für zukünftige urbane Heimaten harrt.

10. Stadtquartiere bestehen aus solide gebauten Stadthäusern.

Die Geschichtsfähigkeit der Stadt und die Möglichkeit für ihre Bewohner, sich dort heimisch zu fühlen, können nur entstehen, wenn dauerhafte Konstruktionen und alterungsfähige Materialien eine langfristige Haltbarkeit ermöglichen. Kein WDVS und keine Klapperkonstruktionen, sondern massiv gemauerte Wände, die auch im Umbau anschlussfähig sind: Das ist nicht konservativ, sondern ökologische Avantgarde.

Wenn wir nicht wollen, dass uns das aktuelle Bauen in 20 Jahren unstädtische Problemzonen wie einst bei den Großsiedlungen schafft, müssen wir das Thema Wohnungsbau vom Kopf auf die Füße stellen: Im Fokus darf nicht nur die einzelne Wohnung stehen, sondern vor allem der öffentliche Raum, der durch das Wohnhaus geschaffen wird. Nicht der Würfel mit allseitiger Belichtung und Belüftung und undefiniertem Umraum, sondern das Stadthaus, das sich am Blockrand zum öffentlichen Raum hin orientiert und diesen damit definiert, ist der Baustein der Stadt. Denn dieses Stadthaus schafft die für die Urbanität notwendige Differenz von öffentlichen Räumen vorne und privaten Räumen hinten.

1 Georg Simmel: „Die Großstädte und das Geistesleben", in: Rüdiger Kramme, Angela Rammstedt, Otthein Rammstedt (Hg.): *Georg Simmel. Gesamtausgabe, Bd. 7, Aufsätze und Abhandlungen 1901–1908, Band I*, Frankfurt a. M. 1995, 116.

2 Hans Paul Bahrdt: *Die moderne Großstadt. Soziologische Überlegungen zum Städtebau*, Reinbek bei Hamburg 1961.

3 Hans Paul Bahrdt: „Entstädterung oder Urbanisierung. Soziologische Gedanken zum Städtebau von morgen", in: *Baukunst und Werkform*, 12/1956, 653–657: 653.

4 Ebd., 655.

5 Ebd.

6 Richard Sennett: *Verfall und Ende des öffentlichen Lebens. Die Tyrannei der Intimität*, Frankfurt a. M. 1983, 382.

7 *Werk. Archithese* (Stadt-Rückseiten), H. 31–32, 1979.

8 Wolfgang Sonne: „Städtebau versus Siedlungsbau. Der urbane Kontext zu den Werkbundsiedlungen im 20. Jahrhundert", in: Deutscher Werkbund Berlin (Hg.), *Bauen und Wohnen. Die Geschichte der Werkbundsiedlungen*, Tübingen 2016, 56–79; Christoph Mäckler/Wolfgang Sonne (Hg.): *Konferenz zur Schönheit und Lebensfähigkeit der Stadt 8. Vorne – Hinten. Wie wird aus Wohnhäusern Stadt?*, Berlin 2018.

9 Wolfgang Sonne: *Urbanität und Dichte im Städtebau des 20. Jahrhunderts*, Berlin 2014; Sonne: „Baublock", in: Vittorio Magnago Lampugnani/Konstanze Domhardt/Rainer Schützeichel (Hg.): *Enzyklopädie zum gestalteten Raum. Im Spannungsfeld zwischen Stadt und Landschaft*, Zürich 2014, 38–49.

Kurzbiografien der Autor:innen

Katrin Albrecht
ist Architektin, promovierte Architektur- und Städte-
bauhistorikerin und Professorin an der OST Ost-
schweizer Fachhochschule. Sie forschte am Institut
gta an der ETH Zürich und unterrichtet seit 2017
Architekturgeschichte und Theorie an der Architektur-
Werkstatt St. Gallen.

Dirk Baecker
promoviert und habilitiert an der Universität Bielefeld
im Fach Soziologie, ist Seniorprofessor für Organisa-
tions- und Gesellschaftstheorie an der Zeppelin Universität in Friedrichshafen am Bodensee.

Ivica Brnic
studierte an der ETH Zürich und lehrt und forscht
neben seiner Architekturpraxis an der TU Wien. Sein
Interesse an der Phänomenologie des Raums wird
bereichert durch seine Arbeit im Bereich Bühnenbild.
Buchveröffentlichungen: Venturing Permanence (mit
F. Graf, C. Lenart and W. Rossbauer) du Nahe Ferne:
Sakrale Aspekte im Prisma der Profanbauten (mit Tadao
Andō, Louis I. Kahn und Peter Zumthor).

Claudia Cavallar
studierte Architektur bei Hans Hollein und Greg Lynn.
Nach Mitarbeit in verschiedenen Architekturbüros,
unter anderem bei the next ENTERprise, ist sie seit
2010 selbstständig und arbeitet dabei vor allem mit
Lukas Lederer zusammen. In ihrer Arbeit setzt sie
sich mit dem Unauffälligen, Zufälligen und Gewohnten
in der Architektur auseinander. Zuletzt waren die
Ausstellungen „Missing Link: Strategien einer Archi-
tekt:innengruppe aus Wien" (2022) und „Die Frauen der
Wiener Werkstätte" (2021), beide im MAK, zu sehen.

Hermann Czech
praktiziert Architektur in Wien. Er ist Träger mehrerer
Preise und war Gastprofessor an der Harvard University,
der ETH Zürich und der Akademie der bildenden
Künste Wien.

Elise Feiersinger
Architekturstudium an der Rice University, Houston.
Seit 2000 Lehrtätigkeit an versch. österreichischen
Architekturfakultäten. Seit 2009 Vorstandsmitglied der
ÖGFA. Mitherausgeberin von Bestand der Moderne,
Zürich 2012. Seit 2015 Redaktionsmitglied des Peri-
odikums UM_BAU.

Hertha Hurnaus
ist Architekturfotografin und lebt in Wien. Fotodoku-
mentationen für Bücher wie Das österreichische
Parlament – Facetten einer Erneuerung (2023),
Weltkulturerbe Österreich – Die Semmeringeisenbahn
(2021) oder Thomas Bernhard – Hab & Gut (2019).
Zusammenarbeit mit national und international tätigen
Architekten, diverse Einzel- und Gruppenausstellungen
sowie zahlreiche Publikationen in Architektur-Fach-
medien.

David Kohn
studierte Architektur in Cambridge und New York
und gründete 2007 David Kohn Architects in London.
Zu seinen Projekten zählen das Sanderson House in
London, das Red House in Dorset (RIBA House of the
Year 2022), der Design District London, das V&A
Photography Centre, A Room for London und das
Restaurant in der Royal Academy of Arts.

Anna Minta
ist Professorin für Geschichte und Theorie der Architektur, Kath. Privatuniversität Linz (Habil 2013 Bern;
Diss 2004 Kiel). Aktuell forscht sie zu gemeinschafts-
stiftenden Raumkonstruktionen. Sie hat umfangreich
publiziert zur Architektur in Europa, Israel und den
USA sowie zur Vereinnahmung von gebautem Raum in
Identitätskonstruktionen und Herrschaftsdiskursen.

Neuberg College

bezeichnet den Versuch der Gemeinde Neuberg/Mürz, gemeinsam mit dem Architekt:innenkollektiv Studio Magic und dem Verein Neuberg College ihren Bahnhof in eine Forschungseinrichtung umzubauen und den Umbau zu erforschen. Gedichte und Grundrisse, Geschichte und Aborte, Oberflächen und Untergründe, Garten und Gesellschaft werden hier studiert. Die Grundlage der Tätigkeiten bildet ein Zusammenarbeits- und Entwicklungsvertrag.

Maik Novotny

studierte Architektur und Stadtplanung in Stuttgart und Delft und ist Architekturjournalist und Herausgeber. Lehrtätigkeit an der TU Wien und der Kunstuniversität Linz. 2017 Stipendiat des Richard Rogers Fellowship der Harvard GSD. Seit 2019 Vorstandsmitglied der ÖGFA.

Arthur Rüegg

Architekt in Zürich. Zahlreiche Restaurierungen. 1991–2007 Professor für Architektur und Konstruktion an der ETH Zürich. Publikationen und Ausstellungen über Möbel, Interieurs und Farbe in der Moderne mit Schwerpunkt auf Le Corbusier/ Charlotte Perriand sowie das Schweizer Möbeldesign.

Wolfgang Sonne

ist Professor für Geschichte und Theorie der Architektur an der TU Dortmund, wissenschaftlicher Leiter des Baukunstarchivs NRW und stellvertretender Direktor des Deutschen Instituts für Stadtbaukunst. Publikationen u.a.: *Urbanität und Dichte im Städtebau des 20. Jahrhunderts* (2014).

Studio Magic

2015 als Kollektiv gegründet, besteht aus Architekturschaffenden, die verstreut zwischen Graz, Innsbruck, Wien und Bad Goisern interdisziplinär in den Bereichen Architektur, Stadtforschung, Ausstellungs- und Möbeldesign sowie an Interventionen im öffentlichen Raum arbeiten. Die Beteiligten arbeiten aber nicht ausschließlich im Kollektiv, sondern folgen auch ihren individuellen Projekten, Vorstellungen und Kooperationen.

Wolfgang Thaler

geboren 1969, freischaffender Fotograf, lebt und arbeitet in Wien. Ausbildung an der Bayrischen Staatslehranstalt für Photographie (Abschluss 1991). Fotografische Dokumentationen im Bereich von architektur- und kulturhistorischen Themen. Kunstprojekte, Auftragsarbeiten und Kooperationen mit Historikern führen zu Büchern und internationalen Ausstellungen.

Stephan Trüby

ist Professor und Direktor des Instituts für Grundlagen moderner Architektur und Entwerfen (IGmA) der Universität Stuttgart. Zuvor lehrte er an der HfG Karlsruhe, der Zürcher Hochschule der Künste, der Harvard University und der TU München. Zu seinen wichtigsten Büchern gehören *Exit-Architektur. Design zwischen Krieg und Frieden* (2008), *Die Geschichte des Korridors* (2018) und *Rechte Räume – Politische Essays und Gespräche* (2020).

Andreas Vass

studierte Architektur an der Akademie der bildenden Künste Wien. Seit 1988 Zusammenarbeit mit Erich Hubmann, Bürogründung 1993 als Hubmann Vass Architekten. Langjährige Lehrtätigkeit an europäischen und außereuropäischen Hochschulen. Seit 2007 Vorstandsmitglied der ÖGFA.

Sophie Wolfrum

Studium der Raumplanung in Dortmund, Büro für Architektur und Stadtplanung mit Alban Janson seit 1989, zweifache Preisträgerin des Deutschen Städtebaupreises. 2003–2018 Professur für Städtebau und Regionalplanung, TU München. Jurorin in Preisgerichten und Mitglied von Gestaltungsbeiräten.

Bildnachweis

Umschlagfoto: © Architekturzentrum Wien,
Slg. Margherita Spiluttini, aus der Serie: Nach der
Natur. Konstruktionen der Landschaft

Architektur Werkstatt St. Gallen: S. 154
Architekturzentrum Wien, Slg. Hermann Czech:
S. 22–24, Abb. 2–7; S. 25, Abb. 11; S. 27, Abb. 17;
S. 99; S. 105; S. 109; S: 101 o.; S. 112
Architekturzentrum Wien, Slg. Margherita Spiluttini:
S. 43, Abb. 2; S. 44, Abb. 4
aus: Franz Baltzarek/Alfred Hoffmann/Hannes Stekl:
Wirtschaft und Gesellschaft der Wiener: S. 97
Gert von Bassewitz: S. 109, Abb. 28
aus: *Bau* 1/1970: S. 45
Ivica Brnic: S. 95, Abb. 6
Ivica Brnic, gezeichnet von Nikita Lykov: S. 94–95,
Abb. 4, 5
aus: Otto Bünz: *Städtebauliche Studien für Rom*: S. 150
Claudia Cavallar: S. 40
Max Creasy: S. 35, Abb. 24; S. 37, Abb. 29–31
Joseph Vinzenz Degen: S. 97, Abb. 4
Deutsche Kinemathek Fotosammlung: S. 152, Abb. 5b
Betty Fleck und Stephanie Knapp, MfGZ: S. 128, Abb. 6
Walter M. Förderer aus: Hans-Eckehard Bahr (Hg.):
Kirchen in nachsakraler Zeit: S. 82, Abb. 5
Fox Picture: S. 152, Abb. 5a
Nachlass Heinz Frank: S. 44, Abb. 3
Michael Frankenstein: S. 98 o.
Peter Funke: S. 93, Abb. 2
Martin Gasser und Christoph Eckert: S. 124
Google Maps: S. 99 u.
aus: Werner Hegemann: *Das Hochhaus als Verkehrs-störer*: S. 151
Hertha Hurnaus: S. 48–53
Vinzenz Katzler: S. 114 o.
David Kohn Architects: S. 33, Abb. 20–22; S. 36,
Abb. 25–28; S. 38, Abb. 33
aus: Paul Kortz: *Wien am Anfang des XX. Jahrhunderts*,
Bd. 2, Wien: S. 108 o.
Friedrich Kurrent, in: Sonja Pisarik, Ute Waditschatka:
arbeitsgruppe 4: S. 113
Markus Lanz, The Pk. Odessa Co: S. 161
Moritz Liebhaber: S. 94, Abb. 3

aus: Hellmut Lorenz/Huberta Weigl (Hg.): *Das barocke
Wien*: S. 104; S. 106 o.
J. C. Loudon: S. 29, Abb. 17
Alois Machatschek, Nachzeichnung v. Hermann Czech:
S. 111
Ioana Marinescu: S. 33, Abb. 19
Karl Pani: S. 105, Abb. 21
Picture Plane: S. 38, Abb. 32
Will Pryce: S. 33, Abb. 21; S. 35, Abb. 23
Public Domain: S. 93, Abb. 1
Arthur Rüegg: S. 121
Lehrstuhl Rüegg, ETH Zürich: S. 128, Abb. 5
Harald Schönfellinger: S. 22, Abb. 1
Denise Scott Brown: S. 30, Abb. 18
aus: Hans Sedlmayr: *Johann Bernhard Fischer von
Erlach*: S. 101–103; S. 107–108 u.
aus: Hermann Josef Stübben: *Der Städtebau*: S. 146
Studio Magic: S. 57
Verlag Bauer, Wien: S. 96
aus: *Werk* 1969: S. 79
Wikimedia CC-BY-SA: S. 75, Abb. 1, 2
Wolfgang Thaler: S. 66–71
Unbekannt (1930er Jahre): S. 77
aus: Raymond Unwin: *Town Planning in Practice*: S.148
aus: Thomas Zacharias: *Joseph Emanuel Fischer
von Erlach*: S. 111

Die Herausgeber haben sich um den vollständigen Bild-nachweis bemüht. Sollte ein Bild nicht korrekt ausge-zeichnet sein, bitten wir den betreffenden Rechtsinhaber, den Verlag zu kontaktieren.

UMBAU 31 2021
Stadtbaustein Schule: Dichte Nutzung, urbane
Vernetzung
UMBAU 30 2019
Architektur und Philosophie
UMBAU 29 2017
Umbau. Theorien zum Bauen im Bestand
UMBAU 28 2016
Das Geschäft mit der Stadt
UmBau 27 2014
Plenum. Orte der Macht, Sonderausgabe Biennale
Venedig 2014
UmBau 26 2013
Status Quo Vadis – Die Zukunft der Architektur als
Prognose und Programm/A Prospectus on the
Future of Architecture
UmBau 25 2010
Architektur im Ausverkauf – Auf dem Weg zu einer
Ökonomie des Überflusses/Architecture for Sale –
Towards an Economy of Excess
UmBau 24 2009
Strategien der Transparenz – Zwischen Emanzipation
und Kontrolle/Strategies of Transparency – Between
Emancipation and Control
UmBau 23 2007
Diffus im Fokus – Haare, Schlamm oder Schmutz
zum Beispiel/Focus on Blur – Hair and mud and
dirt, for example
UmBau 22 2005
Wettbewerb! Competition!
UmBau 21 2004
Lernen von CK/Learning from Calvin Klein
UmBau 20 2003
Architektur und Gesellschaft/Morality and
Architecture
UmBau 19 2002
Diagramme, Typen, Algorithmen/Diagrams,
Types, Algorithms
UmBau 18 2001
Im Sog des Neuen/The Call of the New
vergriffen

UM BAU 17 2000
UM BAU 15 | 16 1997
UM BAU 14 1993
UM BAU 13 1991
UM BAU 12 1990
vergriffen
UM BAU 11 1987
vergriffen
UM BAU 10 1986
vergriffen
UM BAU 9 1985
vergriffen
UM BAU 8 1984
vergriffen
UM BAU 6 | 7 1983
vergriffen
UM BAU 5 1981
vergriffen
UM BAU 4 1981
vergriffen
UM BAU 3 1980
vergriffen
UM BAU 2 1980
vergriffen
UM BAU 1 1979
vergriffen

Sonderpublikationen
Umsicht 2 1997
Ernst Beneder, Zugänge
UmSicht 1 1997
Andreas Fellerer, Jiri Vendl
UnErhörte Entwürfe

Wir danken den Institutionen und Unternehmen

Bundesministerium
Kunst, Kultur,
öffentlicher Dienst und Sport

Stadt
Wien

 Kammer der ZiviltechnikerInnen |
Architektinnen und Ingenieurinnen
Wien, Niederösterreich und
Burgenland

BIG BUNDES
IMMOBILIEN
GESELLSCHAFT

pro:Holz
Austria

Der UMBAU erscheint seit 1979 als interdisziplinäre
Zeitschrift, die sich nicht auf die zeichnerische und
bildliche Präsentation von Architektur beschränkt,
sondern Hintergründe und Zusammenhänge sichtbar
machen möchte. Seit Nummer 28 erscheint die Theorie-
reihe nach einem neuen inhaltlichen und gestalterischen
Konzept von lenz + henrich gestalterinnen, das 2016
im Wettbewerb „die schönsten deutschen bücher" der
Stiftung Buchkunst ausgezeichnet wurde.

Alle nicht vergriffenen Publikationen sind über das
Sekretariat der ÖGFA zu beziehen. Von den vergriffenen
Heften sind dort zum Selbstkostenpreis plus Spesen
Fotokopien erhältlich. Weitere Informationen und
Inhalte der Hefte auf unten genannter Webseite unter
„Publikationen".

ÖGFA Österreichische Gesellschaft für Architektur
1090 Wien, Liechtensteinstraße 46a/5
Telefon (+43-1) 319 77 15
Fax (+43-1) 319 77 15-9
office@oegfa.at
www.oegfa.at

Herausgeberin
ÖGFA Österreichische Gesellschaft für Architektur
Inhaltliches Konzept und Redaktion UMBAU
Der Vorstand der ÖGFA (Claudia Cavallar, Elise
Feiersinger, Ulrich Huhs, Gabriele Kaiser, Michael Klein,
Christina Linortner, Maik Novotny, Gabriele Ruff,
Manfred Russo, Felix Siegrist, Andreas Vass)
Redaktionsteam UMBAU 32
Maik Novotny, Andreas Vass

Visuelle Konzeption und Gestaltung
lenz + henrich gestalterinnen, Wien
Gabriele Lenz und Elena Henrich
www.lenzhenrich.at

Projektkoordination
Maik Novotny, Andreas Vass
Content & Production Editor
Angelika Gaal, Birkhäuser Verlag, Wien
Lektorat
Claudia Mazanek
Bildbearbeitung / Lithografie
Elena Henrich, lenz + henrich gestalterinnen, Wien

Schriften
Sabon (Jan Tschichold, 1967)
FF DIN (Albert-Jan Pool, 1995)
Papier
Munken Lynx, 240g/m²
Munken Print White, 115g/m²
Druck
Medienfabrik Graz
Gedruckt auf säurefreiem Papier, hergestellt aus
chlorfrei gebleichtem Zellstoff. TCF ∞

Library of Congress Control Number:
2023939795

**Bibliografische Information der Deutschen
Nationalbibliothek**
Die Deutsche Nationalbibliothek verzeichnet diese
Publikation in der Deutschen Nationalbibliografie;
detaillierte bibliografische Daten sind im Internet
über *http://dnb.dnb.de* abrufbar.

ISBN 978-3-0356-2733-6
e-ISBN (PDF) 978-3-0356-2740-4

© 2023 Birkhäuser Verlag GmbH, Basel
Im Westfeld 8, 4055 Basel, Schweiz
Ein Unternehmen der Walter de Gruyter GmbH,
Berlin / Boston
© 2023 ÖGFA und die Autor:innen.

9 8 7 6 5 4 3 2 1
www.birkhauser.com

Impressum